예비 수학자 제이미를 비롯한 그 친구들,
그리고 피터에게 이 책을 바칩니다.
- 코라 리

숫자와 언어에 정통하시고,
파티 때마다 뫼비우스의 띠를 만들어 주신 아버지께 이 책을 바칩니다.
- 길리언 오릴리

이 책이 나오기까지 여러모로 도움을 준
낸지 롤린슨, 짐 오릴리, 에반 리, 스탄 장,
피온 목, 로리스 레신스키, 알랜, 이안 어셔에게 이 책을 바칩니다.
- 코라 리·길리언 오릴리

글 코라 리 · 길리언 오릴리

코라 리는 과학에 대한 열정과 제약, 바이오 테크 분야에서 과학 기자로 일했던 경험을 살려 이 책을 썼습니다. 현재는 여학생을 위한 캐나다 과학 진흥 위원회의 밴쿠버 대표를 맡고 있으며 아이들을 위한 과학 기사도 쓰고 있습니다.

길리언 오릴리는 프리랜서 작가이자 편집자입니다. 《속어 전문가들 - 어디서 저렇게 어려운 속어들을 찾아낼 수 있지?》(2004) 등 여러 권의 책을 썼습니다.

그림 홍연시

고양이, 개와 함께 대부분의 시간을 집에서 그림을 그리는 일러스트레이터입니다. '냥냥댕'이라는 유튜브 채널을 통해 개와 고양이 그림들을 그리며 소수의 구독자들과 함께 놀고 있습니다.
yonsi0@naver.com

번역 및 감수 박영훈

서울대학교 수학교육과를 졸업하고, 동대학원 교육학과 박사 과정을 수료하였습니다. 미국 몬타나 주립대학교 수학과 M.A.를 취득하고 대학 수학능력시험 출제위원, 교육개발원 학교평가위원을 거쳐, 7차 교육과정 중고등학교 교과서 집필진으로 일했습니다. 저서로는 《새로 쓰는 초등 수학 교과서》 시리즈, 《원리를 찾아라》, 《기호와 공식이 없는 수학 카페》, 《아무도 풀지 못한 문제》 등이 있으며, 번역서로는 《수학이 없는 나라는 없을까?》, 《파이의 역사》, 《인간적인 너무나 인간적인 수학》 등이 있습니다.

수학대소동

Original title: The Great Number Rumble
Originally Published in North America by: Annick press Ltd.
ⓒ 2007, Cora Lee and Gillian O'Reilly(text) / Annick press Ltd.
All right reserved.

Translation copyright ⓒ Dasan Books 2020
This Korean edition is published by arrangement with Annick press Ltd.
through The Choicemaker pty Ltd.

이 책의 한국어판 저작권은 초이스메이커코리아를 통해 Annick Press Ltd.와의 독점 계약으로 다산북스에 있습니다.
저작권법에 의해 한국 내에서 보호를 받는 저작물이므로 무단전재와 무단복제를 금합니다.

수학 천재와 수학 꼴찌의 수학 구출 대작전!

수학 대소동

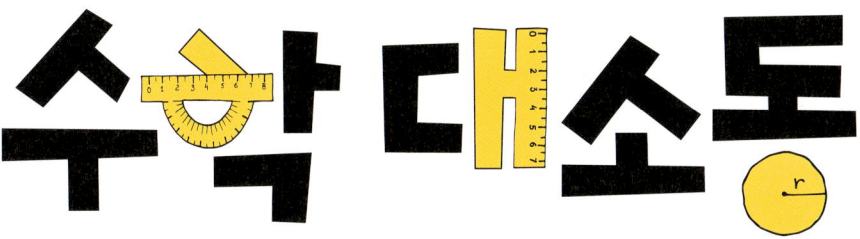

코라 리·길리언 오릴리 글 | 홍연시 그림
박영훈 번역 및 감수

다산
어린이

차 례

저자의 말 ◆ 6
번역 및 감수자의 말 ◆ 8

세상 속 수학
천재 샘과 꼴찌 제레미, 수학에 놀라다! ◆ 10

샘과 제레미의 수학 발전소

● 어떤 화면이 더 클까? ◆ 24   ● 피타고라스와 피타고라스 학파 ◆ 25

체육 속 수학
체육왕 에밀리, 수학을 찾다! ◆ 26

샘과 제레미의 수학 발전소

● 지구를 들어 올릴 방법이 있다면? ◆ 44   ● 아르키메데스 ◆ 45

미술 속 수학
자칭 예술가 오스카, 수학을 의심하다! ◆ 46

샘과 제레미의 수학 발전소

● 글자 대신 수식으로 말해 볼까? ◆ 66   ● 알렉산드리아의 히파티아 ◆ 67

음악 속 수학
음악 천재 젠, 수학을 흔들다! ◆ 68

샘과 제레미의 수학 발전소

● 전 세계 수학자들을 위한 축제, 세계 수학자 대회 ◆ 82   ● 소피 제르맹 ◆ 83

자연 속 수학
수포자 노튼 선생님, 수학을 이해하다! ◆ 84

샘과 제레미의 수학 발전소
- 4×5=12? 4×6=13? ◆ 102
- 루이스 캐럴 ◆ 103

마술 속 수학
썰렁맨 랄프, 수학에 깜빡 속다! ◆ 104

샘과 제레미의 수학 발전소
- 숫자를 계속 더한다면 답은 얼마일까? ◆ 120
- 스리니바사 라마누잔 ◆ 121

숫자와 친해지기
수다왕 나타샤, 수학에 말 걸다! ◆ 122

샘과 제레미의 수학 발전소
- 증명할 수 없는 난제는 없다? ◆ 138
- 앤드류 와일즈 ◆ 139

수학 편견 깨기
아이들, 수학과 친해지다! ◆ 140

> 저자의 말

한국의 어린이 친구들에게

여러분은 수학이 어려운가요? 아니면 수학이 재미있나요?

여기 캐나다에서 수학은 평판이 좋지 않아요. 어린이도 어른도 수학을 하나같이 어렵고 재미없는 과목이라고 생각하죠. 아마 어린이보다 어른이 더 싫어할걸요? 사람들은 수학이란 그저 숫자일 뿐이고 기껏해야 교과서 안에서나 찾을 수 있다고 알고 있어요.

하지만 그렇지 않답니다. 수학은 멋지고 별나고 흥미로운 일들로 가득 차 있어요. 그 사실을 알리기 위해 우리는 이 책을 쓰게 되었어요.

수학은 결코 어려운 것이 아니에요. 수학은 우리 주위의 어느 곳에서나 우리가 기대한 만큼 놀라운 모습으로 우리를 찾아옵니다. 수학의 세계를 탐험하면 할수록 아마 우리는 더욱 더 굉장하고 신기한 일들을 많이 발견할 거예요.

수학은 놀라운 유형, 색다른 진실, 기막힌 생각들로 가득 차 있어요. 이미 우리 생활에 떼려야 뗄 수 없는 한 부분이 되었지요. 우리가 있는 캐나다에서도…….

그리고 여러분이 있는 한국에서도 말이에요.

코라 리와 길리언 오릴리가

> 번역 및 감수자의 말

새로운 수학을 마음껏 즐기세요!

음악이 없는 세상은 어떨까요? 정말 고요하고 재미없을 거예요. 드라마나 영화에 삽입되는 음악이 없다면 훨씬 심심하지 않을까요?

그러면 수학이 없는 세상은 어떨까요? 살맛 나는 세상이라고요? 많은 어린이들이 그렇게 생각하겠지만 이 책 속의 샘과 제레미는 수학이 없는 세상이 얼마나 재미없는지 잘 보여 주고 있습니다. 우리가 즐겨 보는 만화에도, 수백 곡의 아름다운 음악에도, 로봇 청소기에도, 손흥민의 멋진 슛에도 수학의 생생하고 아름다운 법칙이 들어 있으니까요.

수학을 더 이상 가르치지 않겠다는 교육부 장관의 발표에 모든 사람들이 환호했지만, 오직 샘과 제레미만이 이에 맞서 외롭고 힘든 싸움을 벌입니다. 아이들이 수학의 신비를 하나씩 파헤치는 장면들은 마치 탐정 소설을 읽는 것처럼 흥미진진하기까지 합니다.

　결국 샘과 제레미가 이겼느냐고요? 궁금하다면 이 책의 첫 장을 펼쳐 보세요. 그럼 단숨에 끝까지 읽게 될 거고 결말을 알 수 있을 테니까요. 살짝 힌트를 주자면 '수학 대소동'이 끝나고 샘과 아이들은 수학 동아리를 만들었습니다. 수학을 싫어했던 대부분의 아이들은 그 동아리에 가입하여 적극적인 활동을 펼칩니다.

　이제 여러분을 그 수학 동아리에 초대합니다. 이전에는 미처 몰랐던 미로와 퍼즐, 고차원의 세계, 매듭 이론, 논리학, 역설, 미적분, 통계, 게임 이론, 기하학 등 새로운 수학을 마음껏 즐겨 보길 바랍니다.

박영훈

세상 속 수학

천재 샘과 꼴찌 제레미, 수학에 놀라다!

내 친구 샘은 수학에 미친 애야. 미칠 정도로 싫어하냐고? 아니, 그 반대. 아주아주 좋아해. 난 어떠냐고? 전혀 안 친하지. 특히 수학 숙제를 할 때마다 점점 더 멀어지는 것 같아. 그럴수록 계산기랑은 점점 더 친해지고 있지. 계산기 만세!

그런데 멀게만 느껴졌던 수학에 관한 생각이 완전히 바뀌는 일이 일어났어. 난 그 일을 '수학 구출 대작전'이라고 불러. 수학을 왜 구출했냐고? 어쩔 수 없었어. 수학에 미친 애, 샘이 바로 내 친구니까.

샘이 우리 옆집으로 이사 온 지는 얼마 되지 않았어. 하지만 우리는 금방 친해졌지. 비슷한 점이 많았거든. 특히 잘생긴 얼굴. 물론 키는 샘이 조금 더 크고, 얼굴도 조금 작고, 어깨도 좀 넓고, 다리도 좀 길…… 흠흠, 넘어가. 우리는 취미도 비슷해서 인라인스케이트, 축구, 게임도 같이 했어. 물론 샘이 조금 더 점수를 많이 냈지만…… 흠흠, 또 넘어가.

아무튼 우리가 확실하게 다른 점은 수학을 좋아한다는 것과 싫어한다는 것 뿐이었어.

난 샘이 수학에 미친 애라는 걸 만난 지 몇 시간 만에 알았어. 세상을 온통 숫자, 모양, 패턴과 연결 짓더라고. 기막혀하는 나에게 샘은 이렇게 말했어.

"수학은 특별한 게 아냐. 어느 곳에나 어떤 물건에나 존재하지. 나뿐 아니라 세상 모든 사람들이 사용하고 있다고."

어휴! 이런 애랑 계속 친구를 해야 하나 말아야 하나 엄청 고민되더라고. 그런데 샘의 말을 증명할 기회가 바로 생겼지 뭐야. 특종이라는 제목으로 놀라운 기사가 뜬 거야.

레이크 교육부 장관 충격 발표!
교육 과정에서 수학이 사라진다!

레이크 장관은 이번 결정이 아이들에게 별다른 영향을 미치지 않을 거라며 이렇게 덧붙였다.

"아이들에게 필요한 건 덧셈, 뺄셈, 곱셈, 나눗셈과 같은 기본적인 산수입니다. 아이들은 계산기를 사용해서 기본적인 연산을 할 수 있어요. 수학은 계산기로 계산하는 것, 그 이상도 이하도 아니지요. 그러니까 내 말은 아이들이 쓸데없이 어려운 수학 문제 때문에 골치만 아프다는 말입니다. 나도 예산 문제 때문에 괴롭고, 통계 때문에 골머리가 아프고, 분수를 계산하느라 지치는데, 평범한 학생들이나 교사들은 오죽 힘들겠어요? 수학을 배우지 않으면 공부 스트레스와 그에 따른 부작용에서 벗어날 수 있을 겁니다."

교사와 학부모들도 그 의견에 동의할지 묻자, 레이크 장관은 이미 많은 교사와 학부모가 자신의 의견에 동의하고 있다고 말했다.

이 기사를 보고 우리 집으로 달려온 샘은 자기가 정신이 나갔었다고 했어. 너무 화가 나서 아무 옷이나 손에 걸리는 대로 주워 입고 달려왔다는 거야. 난 샘이 입은 옷을 보고 깜짝 놀랐지. 어제 샘이 입었던 조합

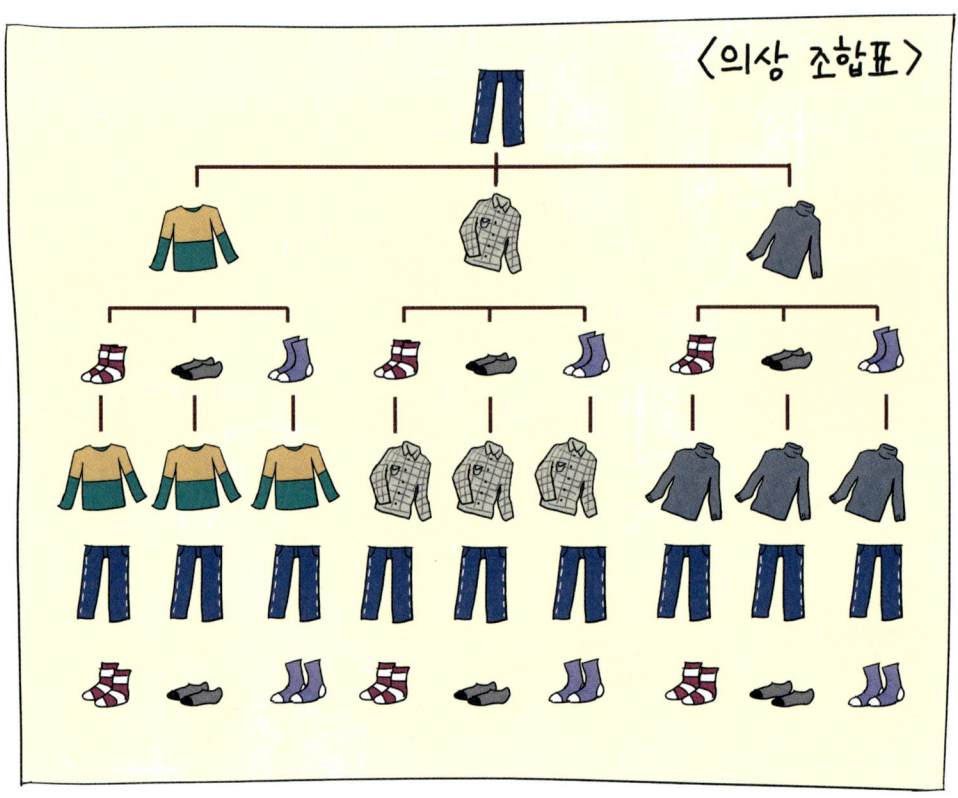

이었거든. 무슨 말이냐고? 샘은 아래위 옷을 매일 다르게 맞춰 입거든. 표를 만들어서 옷장에 붙여 놓았어.

샘은 지구 멸망을 앞둔 사람처럼 괴로운 표정으로 말했어.

"앞으로 수학을 배우지 않을 거래……."

샘의 말에 깜짝 놀랐어. 이거야말로 살면서 들은 소리 중에 가장 행복한 말이잖아. 나는 그 소식을 듣고 너무 좋아서, 샘이 좋아하는 미터 단위로 하면 약 1.5킬로미터쯤 펄쩍 뛰어올랐거든.

"수학 시간이 사라지면 분수, 그래프, 도형…… 전부 배울 수 없게 되는 거야. 이게 말이 돼?"

난 신나서 콧노래가 나오는데, 샘은 학교 가는 길 내내 투덜투덜 불평했어. 아직도 수학을 포기 못 하겠나 봐.

학교에 도착하니 여기저기서 난리였어. 휴지통에는 수학책, 각도기와 자 같은 물건들이 가득 차 있었는데, 아이들은 수학과 관련된 물건들을 전부 휴지통에 버리고 있었어. '나도 질 수 없지!' 나는 가방에 들어 있던

수학과 관련된 모든 걸 꺼내서 버렸어.

'수학아, 그동안 너와 즐겁지는 않았지만…… 이렇게 헤어질 줄 알았으면 더 잘 지내볼걸. 그렇다고 아쉬운 건 아니야.'

친구들만 신났느냐고? 아니, 선생님들도 마찬가지였어. 특히 노튼 선생님은 자꾸 웃음이 나는지 피식피식 웃었지. 노튼 선생님은 정말 수학을 가르치기 싫어했거든. 아마 우리 학교에서 모르는 사람이 없을 거야.

수학이 사라지는 게 정말 굉장한 뉴스이긴 한가 봐. 취재 카메라를 든 방송국 사람들도 학교에 잔뜩 와 있었어. 이럴 줄 알았으면 스파이더맨 티셔츠를 입고 올 걸 그랬어. 오늘 입은 옷은 너무 평범한데…….

그때 갑자기 누군가 나에게 마이크를 들이댔어.

"이제 수학을 배우지 않게 됐는데, 기분이 어떤가요?"

"완전 좋죠."

처음 하는 인터뷰라 살짝 떨렸지만 티 안 나게 잘 말한 것 같아. 잘생긴 얼굴이 잘 나와야 할 텐데. 더 길게 대답할 걸 그랬나.

"뭐? 지금 장난해?"

옆에서 잠자코 있던 샘이 화가 났는지 내가 들고 있던 마이크를 빼앗아 들고 이렇게 말했어.

"이번 결정은 완전히 잘못됐어요. 레이크 장관님, 제발 저를 만나 주세요. 장관님과 만나면 수학이 우리에게 얼마나 필요한지 충분히 설명할 수 있어요. 잠깐이면 돼요."

샘 빼고 모든 사람이 깜짝 놀랐어. 이어서 기자가 샘에게 질문을 하려고 하자 사서 교사인 케이 선생님이 우리 쪽으로 다가왔어.

"오호, 정말 멋진 생각이에요. 학교에서 장관님과 학생들이 본격적인 토론 대결을 해 보는 건 어떨까요? 아이들에게 정말 좋은 학습 기회가 될 것 같은데요."

난 웃으면서 얘기하는 케이 선생님의 속마음이 궁금했어. 정말 학생들이 교육부 장관을 이길 수 있을 거라고 생각하는 걸까. 샘이 아무리 수학에 미친 애라고 해도 이기기는 어려울 것 같은데. 하지만 케이 선생님도 그냥 아무 말이나 할 분은 아닌 것 같고……. 케이 선생님은 학생들과 가장 말이 잘 통하는 교사거든. 케이 선생님의 말이 끝나자마자 한 기자가 레이크 장관에게 전화를 걸었어. 그러고는 학생들을 위해 학교에 와 줄 수 있는지 물었어. '장관이 정말 학교에 오겠어?' 나는 그럴 리가 없다고 생각했지. 혹시 샘 때문에 다시 수학을 배우게 될까 봐 살짝 불안하기도 했고. 그런데 통화하던 기자가 우리를 보며 고개를 끄덕였어! 교육부 장관이 점심시간쯤에 학교로 온다고 했대.

"그럼, 애들아! 점심시간에 보자."

자리를 떠나는 케이 선생님은 왜 기뻐 보이는 표정이지? 이러다 샘이 이겨서 수학을 다시 배우는 거 아냐? 설마! 그래도 혹시나……. 아냐, 그런 일은 없을 거야. 난 레이크 장관을 믿어.

갑자기 레이크 장관을 응원하고 싶은 마음이 생겼지 뭐야.

샘과 제레미의 수학 발전소

어떤 화면이 더 클까?

 새로 산 내 스마트폰은 4:3 비율의 5인치야.

내 건 16:9 비율의 5인치 화면인데, 이게 같은 5인치라고?

여기서 말하는 5인치는 화면 크기 비율이야. 대각선의 길이를 말하지. 누구의 화면이 더 큰지 비교하는 방법을 알려 줄게! '피타고라스의 정리'를 이용하면 돼. 직각삼각형에서 빗변의 길이를 C, 나머지 두 변의 길이를 각각 a, b라 할때, 빗변의 길이의 제곱이 나머지 두 변 길이의 제곱과 같아. 그럼 누구의 스마트폰 화면이 더 큰지 비교해 볼까?

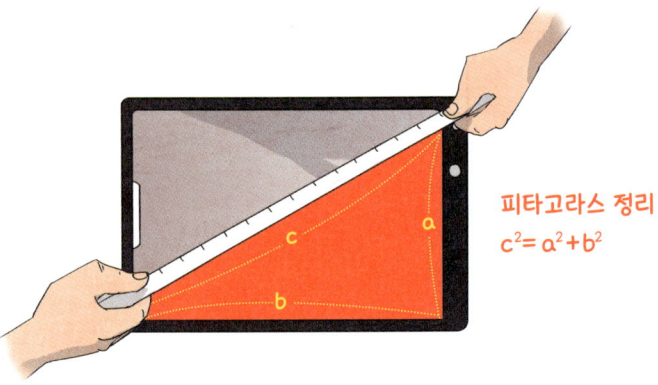

피타고라스 정리
$c^2 = a^2 + b^2$

샘의 스마트폰 넓이(4:3)

가로×세로 = $4x \times 3x = 12x^2$

= 12 × 1 = 12

피타고라스의 정리에 의한 계산
$(4x)^2 + (3x)^2 = 5^2$
$16x^2 + 9x^2 = 25$
$x^2 = 1$

제레미의 넓이(16:9)

가로×세로 = $16x \times 9x = 144x^2$

= $144 \times \dfrac{25}{337}$ = 10.6824…

피타고라스의 정리에 의한 계산
$(16x)^2 + (9x)^2 = 5^2$
$256x^2 + 81x^2 = 25$
$337x^2 = 25$
$x^2 = \dfrac{25}{337}$

샘의 스마트폰 넓이 12 > 제레미의 스마트폰 넓이 10.6824…. 샘의 스마트폰이 더 큰 셈이야.

피타고라스와 피타고라스 학파
(기원전 560년~기원전 480년)

"만물의 근원은 수이다."

피타고라스는 고대 그리스의 수학자로, 이집트, 바빌로니아 등 여러 지역을 돌아다니면서 다양한 분야의 지식을 쌓았지. 56세가 되는 해에 고향으로 돌아와 학문을 연구하면서 종교적인 성격을 가진 공동체 '피타고라스 학파'를 만들었어. 이 단체는 엄격한 규율이 있었는데, 별 모양 장식이 있는 옷을 입고 모두 모여 살아야 했어. 또 고기 먹는 걸 금지한다거나 처음 들어온 사람은 재산을 가질 수 없다거나 하는 등의 여러 규칙이 있었어.

이들의 목표는 우주가 정수에 기초하여 만들어졌다는 걸 증명하는 거였어. 숫자로 세상의 모든 것을 증명하려고 했지. 도형도 결국은 수로 계산될 수 있다고 생각했어.

피타고라스는 바닥의 블록 모양을 보고 고민하던 문제의 해답을 찾았어. 블록의 모양처럼 길이의 비가 3:4:5인 직각삼각형의 각 변에 정사각형을 그렸더니 큰 정사각형의 넓이가 나머지 두 정사각형의 넓이의 합과 같다는 걸 알게 된 거야. 이게 바로 '피타고라스의 정리'인데, 도형을 가지고 식을 논리적으로 증명했다는 데 큰 의미가 있어.

이게 바로 피타고라스의 정리!

체육 속 수학

체육왕 에밀리, 수학을 찾다!

샘과 장관이 한판 대결을 한다는 소문이 온 마을에 퍼졌나 봐. 점심을 후다닥 먹고 샘과 함께 체육관으로 갔더니 안에 사람들이 꽉 차 있었어. 전교생이 총출동한 것 같았어. 신문 기자, 방송국 기자, 선생님들, 교장 선생님, 교육부 관계자, 학부형들 그리고 레이크 교육부 장관까지 모두 모여 있었지. 케이 선생님은 토론 대결을 위해 마이크와 의자를 준비하느라 바빠 보였어. 나는 갑자기 샘이 무척 걱정스러워졌어.

"네가 수학을 좋아한다는 건 알지만 대부분의 사람들은 너랑 달라. 수학을 싫어한다고. 그런데 어떻게 이 많은 사람 앞에서 교육부 장관을 설득하겠다는 거야?"

"훗, 걱정 마! 나한테 다 생각이 있어."

샘은 아주 자신만만한 얼굴이었어.

나는 샘의 계획이 뭔지 알고 싶었던 게 아니야. 샘이 수학에 미쳐 있긴 해도 내 소중한 친구니까 다른 사람들 앞에서 망신당하는 모습은 보기 싫다고. 나는 깊은 한숨을 쉬며 대결을 지켜보기 위해 앞자리에 앉았어.

레이크 장관이 일어나서 샘한테 다가오자 주변이 엄청 시끄러워졌어. 옆에는 피곤해 보이는 보좌관과 엄청 무섭게 생긴 경호원이 함께 섰지. 보좌관은 계속 두리번거리며 무언가를 수첩에 적었어. 나는 자리에서 일어나서 슬그머니 샘의 뒤에 가서 섰어. 그러고는 게임 점수를 기록하기 위해 주머니에 넣어 두었던 수첩을 꺼내 보좌관처럼 무언가를 적었어. 뭐라고 적었느냐고? 아무 말이나 막 썼지. 샘의 뒤에도 누군가가 있다는 걸 보여 주고 싶었으니까.

케이 선생님이 마이크를 들었어. 토론 상대를 서로에게 소개하고 레이크 장관에게 먼저 말할 기회를 주었지. 레이크 장관은 한껏 거들먹거리며 마이크를 잡더니 이렇게 말했어.

"흠, 학생인가? 내가 수학을 교육 과정에서 빼겠다고 한 것에 불만이 있다고 들었는데?"

그러더니 샘을 향해 고개를 기울이며 빙긋거렸어.

"혹시 수학이 없어지면 무리수와 허수가 그리울 것 같니? 덧셈 뺄셈에 분수와 소수를 공부하는 것만 해도 얼마나 복잡한데…… 그러니 그런 건 배우지 않아도 된단다. '네 나이가 여동생 나이의 제곱근을 네 배 한 나이보다 여덟 살 어리다'고 말하는 사람이 세상에 있을까?"

장관은 자신의 말이 맞지 않느냐고 묻듯이 주변 사람들을 둘러보았어. 생각보다 더 강적인 것 같아. 지금이라도 샘을 말려야 하는 게 아닐까 생각했지.

"저는 장관님을 비롯해서 여기 모인 사람들에게 수학이 중요할 뿐만 아니라 정말 재미있는 과목이라는 사실을 증명할 수 있어요. 수학이 일상생활 곳곳에서 쓰인다는 것도 보여 드리죠. 만약 제가 장관님을 설득하지 못한다면 1년 동안 방과 후에 장관님 사무실에서 일을 할게요."

뭐? 일을 한다고? 예전처럼 수학 공부를 해야 하는 것도 싫지만, 내 친구 샘이 무서운 어른들 틈에서 일하게 되는 것도 싫은데.

"돈을 안 받겠다는 건 아니에요. 장관님께서 첫째 날에는 100원, 둘째 날에는 200원을, 셋째 날에는 400원을, 넷째 날에는 800원, 이런 식으로 주셨으면 좋겠어요."

장관은 샘의 말이 끝나자마자 큰 소리로 웃었어.

"그렇게 적은 돈을 받겠다고? 날마다 늘어난다고 해도 큰 돈을 벌 수 없을 텐데…… 무보수나 다름없으니 나야 싫을 게 없잖니."

장관은 어디 한번 자신을 설득해 보라면서 입이 귀에 걸리도록 웃었어. 교장 선생님은 무슨 할 말이라도 있는 듯 손을 번쩍 들었지만 케이 선생님이 다가가 귓속말을 하자 손을 내렸어. 왠지 심상치 않은 일이 벌어지고 있는 것 같아. 내 머리로는 무슨 상황인지 이해가 안 되었지만 샘에게 불리한 상황이라는 건 알 수 있었어.

"그럼 체육관에서 수학을 찾아볼까요?"

"푸하하하. 이 체육관에서 무슨 수학을 찾겠다는 건지 참……."

장관이 또 비웃었어. 어찌나 기분이 나쁜지, 내가 샘이었으면 대결이고 뭐고 다 내팽개치고 그냥 집에 갔을 거야. 하지만 샘은 자신 있는 표정으로 체육관 입구에 서 있던 누군가를 불렀어. 바로 에밀리였지! 우리 학교에서 가장 멋진 여자아이야. 에밀리는 우리 학교에서 모르는 사람이 없을 정도로 유명해. 못하는 운동이 없거든. 특히 자전거를 타고 가장 먼저 들어오는 사람이 이기는 경기…… 뭐더라? 아, 사이클 대회! 거기에서 매년 1등을 하는 친구야. 얼마나 잘하느냐면 세계적으로 유명한 선수가 에밀리를 보러 학교에 찾아왔을 정도야. 샘이 타고난 천재라면, 에밀리는 노력하는 천재지. 수업이 끝난 뒤에도 늘 운동장에서 훈련하고 있는 모습을 볼 수 있어. 오늘도 한 손에는 훈련 가방을, 다른 손에는 자전거를 번쩍 들고 있었어. 꽤 무거워 보이는데 말이야.

에밀리는 자전거를 벽에 기대 세우며 말했어.

"샘! 네가 언젠간 일을 저지를 줄 알았어. 대결에서 난 별로 도움이 안 될 텐데. 운동선수인 나는 수학이랑 조금도 관련이 없거든."

샘은 손가락으로 안경을 올리며 자신 있게 대답했어.

"아니, 분명 관련이 있어."

이제 본격적인 샘의 설명이 시작되려나 봐. 샘은 수학 이야기를 하기 전에 안경을 치켜올리는 버릇이 있거든. 장관을 바라보면서 안경을 치켜올렸어.

"자전거는 기하학과 관련이 있지요. 모든 자전거 프레임에는 삼각형이 들어 있어요. 자전거에서 제일 튼튼한 부분이 그 삼각형이에요."

'자전거 바퀴에도 핸들에도 삼각형은 없는 거 같은데…….'

에밀리도 자전거에서 삼각형을 찾는 것 같았어. 샘은 레이크 장관을 바라보며 이야기를 이어 나갔어.

"혹시 자전거가 주저앉았다는 이야기 들어 본 적 있으세요? 아마 없을 거예요. 어디에 부딪히거나, 브레이크를 잡을 때에도, 그리고 페달을 세게 밟을 때에도 모양이 흐트러지지 않아요. 왜일까요? 그건 바로 삼각형 때문이에요."

샘은 다시 에밀리 쪽으로 시선을 돌리며 말했어.

"나도 처음엔 믿어지지 않아. 하지만 자전거에

있는 이 삼각형이 구부러지거나 짧아지면서 충격을 흡수하는 거야. 게다가 자전거를 만드는 소재인 크로뮴이나 타이타늄 같은 신소재는 철보다 강하기 때문에 그 점을 이용해서 더 다양한 실험을 할 수 있지."

갑자기 번뜩이는 생각이 떠올랐어. 얼마 전에 유튜브에서 본 자전거 영상. 나도 아는 척할 수 있는 흔치 않은 기회야!

"유튜브에서 보니까 자전거마다 그 삼각형 프레임 모양이 다르던데. 원래부터 그렇게 다르게 만들어진 거야?"

샘은 내 말에 기다렸다는 듯이 대답했어.

"그건 자전거를 어디에서, 어떻게 타느냐에 따라 다르게 만들어서 그래. 산에서 타는 산악용 자전거는 개울과 바위 위로 달려야 해서 자전거 뒷부분에 있는 삼각형이 낮고 넓게 만들어졌어. 그것보다 삼각형이 더 낮고 넓은 BMX(비엠엑스) 자전거도 있어. 익스트림 스포츠용으로, 점프하거나 장애물을 뛰어넘을 때 타는 자전거야. 낮은 자세를 유지하기 때문에 엉덩이가 거의 땅에 닿을 것 같지."

에밀리가 자신의 자전거를 가리키며 말했어.

"알겠다! 내 자전거는 땅에 닿을 만큼 낮게 설계할 이유가 없어. 왜냐하면 난 자전거를 타고 빙빙 회전하거나 점프하지 않거든."

샘이 대견하다는 듯이 에밀리를 바라봤어.

"에밀리의 자전거처럼 빨리 달려야 하는 로드 바이크는 그렇게 설계할 필요가 없어. 자전거를 빠르고 부드럽게 달릴 수 있도록 만들면 되니까. 그래서 페달을 편안하게 밟을 수 있는 자전거여야 하지. 이런 용도의 자전거는 삼각형이 정삼각형 모양이면서 커."

그때 갑자기 집으로 돌아가는 언덕길이 떠올랐어. 내가 괜히 샘의 친구가 아닌가 봐.

"그렇지만 언덕을 올라갈 때는 힘들어서 안 좋을 것 같은데. 아무리 페달을 밟아도 꼭대기까지 가기가 얼마나 힘든데!"

샘은 내 말에 조금의 망설임 없이 대답했어.

"말 잘했어. 그것도 기하학이야. 이번에는 앞쪽 기어와 뒤쪽 기어의 비율이지. 여기서 비율은 두 숫자를 비교하기 위한 방법일 뿐이야. 이 경우에는 앞쪽 기어와 뒤쪽 기어의 크기를 비교해야 해. 기어는 너희들이 페달을 밟을 때마다 몇 번이나 바퀴가 회전하는지를 조절하는 장치야. 길의 상태에 따라 속도를 빠르게 하거나 강한 힘을 만들어 내지."

설마 여기서 기어를 모르는 친구가 있으려고? 샘의 잘난 척이 갈수록 심해는 게 아닌가 싶었어. 그때 에밀리가 손가락으로 타원 모양을 그리며 말했어.

"잠깐만. 기어의 모양은 원형이 아니라 달걀과 같은 타원형인데?"

샘은 어깨를 으쓱하더니 팔짱을 낀 채로 말했어.

"기어의 모양은 자전거마다 다를 수 있어. 우리 아빠 자전거도 앞쪽 기어는 타원형 모양이고, 뒤쪽 기어는 원형이야. 어떤 사이클 선수들은 기어가 타원형이면 자전거 속도가 빠른 것 같아서 타원형 기어를 선호한대. 그런데 난 그냥 아무런 이유 없이 타원형이 좋아."

샘은 모든 게 패턴 아니면 모양으로 보이나 봐. 자전거조차 그저 삼각형과 원, 타원으로 이루어진 물체일 뿐이라니. 괴짜가 틀림없어. 샘의 설명은 훌륭했지만, 나를 설득하기엔 부족해. 에밀리 역시 수학에 흥미를 느낀다기보다 어떻게 자전거가 작동하는지 더 알고 싶은 것 같고. 레이크 장관은 어떻게 생각하려나? 샘의 설명을 듣던 장관은 뒤에 서 있던 보좌관과 귓속말을 주고받더니 이렇게 말했어.

"흠, 자전거는 자전거일 뿐. 자전거로 언덕 오르기는 열심히 페달만 밟으면 된단다. 숫자나 도형과는 아무런 상관이 없어."

역시 레이크 장관도 나랑 같은 마음인 것 같네. 샘은 예상했다는 듯이 고개를 끄덕이며 말했어.

"자전거에만 수학이 있는 건 아니에요. 예를 들면 농구 같은 운동에도 다양한 수학의 원리가 숨어 있죠. 골을 많이 넣는 방법을 아세요? 답은 던지는 각도예요. 각도만 조절해도 골을 더 많이 넣을 수 있어요. 설마

각도가 수학이 아니라고는 하지 않으시겠죠?"

샘은 가장자리에 있는 농구대로 걸어가서 농구공을 집어 들었어.

"공중에 물건을 던지면 위로 올라갔다가 포물선을 그리며 떨어지죠. 처음에 공을 던지면 위로 가겠지만 나중에는 중력의 힘을 받아 서서히 아래로 떨어지기 시작하죠. 공이 얼마나 멀리 가느냐는 던질 때의 각도에 따라 결정된다고 할 수 있어요. 숫을 너무 낮게 한다면 나가기도 전에 중력의 힘을 받고 아래로 떨어지게 되죠. 또 너무 높게 던지면 위로 높이 올라가지만 멀리 가지 못하는 것은 마찬가지예요. 자, 보세요."

샘은 공을 바닥에 튀겼다가 다시 손으로 받았어.

"공을 멀리 던지고 싶다면 45도의 각도로 던지세요. 45도의 각도로 공을 던질 때 가장 멀리 나간다는 사실이 밝혀졌거든요. 이런 상식은 미식축구, 창던지기, 원반던지기 같은 운동에 응용하면 쓸모가 많아요."

샘은 자신이 서 있는 곳에서 농구 골대까지 공을 슈욱 소리가 나게 던졌어. 에밀리는 샘의 의견에 푹 빠져든 것 같아. 몇몇 친구들도 방방 뛰어다니며 여러 각도로 농구공을 골대에 던졌지.

샘이 말한 각도도 신기하고 재미있긴 하지만, 그래도 난 레이크 장관이 샘의 의견에 동의하지 않길 바랐어. 선생님들은 수학 숙제로 '누가 농구에서 골을 가장 많이 넣을까?' 따위를 내진 않을 거잖아. 항상 큰 소리가 나는 호루라기를 가지고 다니는 교장 선생님이 호루라기를 불어 농구공을 던지던 아이들을 자리에 앉게 했어. 그러고는 레이크 장관이 답변할 차례임을 알렸지. 장관은 얼굴을 찡그리며 샘을 의심스러운 눈초리로 쳐다봤어.

"미안하지만……."

레이크 장관은 짧게 말을 꺼내고는 주위를 둘러보며 뜸을 들였어.

"수학이 생활 곳곳에 자리 잡고 있다는 사실을 믿게 하려면 이것만으로는 부족해. 운동할 때 수학 원리를 진지하게 이용하는 아이들이 얼마나 될 것 같니?"

나는 장관의 대답을 듣자마자 샘을 쳐다봤어. 샘이 실망했을 거라 생각했거든. 그런데 샘은 미소를 지으며 이렇게 말했지.

"통계적으로 보면 장관님이 옳아요. 수학을 이용해서 운동하는 사람은 거의 없겠죠. 하지만 다른 영역에서도 수학이 응용된다면요? 조사를 더 해 봐야 하지 않을까요?"

샘의 말이 끝나자 장관이 어이없다는 듯한 표정을 지었어. 아이들은 낄낄대며 웃었지.

"통계라고? 내 말은 그런 뜻이 아니란다. 그림의 일부만 보지 말고 그림 전체를 보고 이야기해야지."

레이크 장관의 대답에도 샘은 별 반응을 보이지 않았어. 나라도 샘을 도와야 하나 고민하는 중이었지.

"그림이라고 하셨나요?"

세상에! 큰일났어. 이건 오스카의 목소리라고. 오스카가 나서면 샘은 망한 거나 다름없어. 샘이 수학과 논리에 있어 '천재'라면, 에밀리가 자전거 타기 '천재'라면, 오스카는 자칭 창의력과 감성 '천재'거든. 샘이 수학에 미쳤다면, 에밀리가 자전거에 미쳤다면, 오스카는 미술에 미친 애야. 무엇보다 잘난 척이 엄청 심해. 세상에서 자기가 제일 잘생기고 멋지다고 생각하거든. 아마 지금도 대결보다 자기가 알고 있는 예술에 대해서 잘난 척하고 싶은 걸 거야. 친하고 싶지 않은 녀석이지.

"샘! 학교에서 수학을 공부하고 싶다면 그쯤 하는 게 좋을 거야."

오스카의 공격이 시작되었어.

"설마 예술과 수학이 관련이 있다고 말하려는 건 아니겠지. 미리 말하는데, 수학은 숫자일 뿐 예술과는 전혀 상관이 없어."

오스카의 말이 끝나기도 전에 샘은 우리를 체육관 밖으로 데리고 나가면서 이렇게 말했어.

"오스카, 아마 너도 놀랄 거야."

샘과 제레미의 수학 발전소

지구를 들어 올릴 방법이 있다면?

얼마 전에 샘이랑 손끝으로 농구공 오래 돌리기 대결을 했는데, 내가 이겼어. 패배를 인정하면 좋으련만! 어찌나 연습했는지 이제 샘이 나보다 훨씬 오래 돌리지 뭐야.

 혹시 공보다 더 무거운 것도 손끝으로 들 수 있을까?

무게중심을 이용하면 뭐든 들어 올릴 수 있어. 지구도 들 수 있다고!

지렛대 위에 놓인 두 물체의 무게 혹은 힘을 A와 B라고 하고, 받침점과 물체 사이의 거리를 각각 X와 Y라고 하자. A와 X를 곱한 값과 B와 Y를 곱한 값이 같다면 지렛대는 수평이 될 거야. 그렇기 때문에 무게 A가 아무리 무거워도 받침점에서 거리가 멀어지면 멀어질수록 Y값이 점점 더 커지므로 아주 작은 힘(B)으로도 A를 들어 올릴 수 있다는 거지. 심지어 지구라도 말이야!

옛날 사람들은 지렛대를 이용해서 적은 힘으로 큰 물체를 들어 올렸지. 그게 어떻게 가능한지는 아르키메데스가 처음 밝혀냈어.

아르키메데스
(기원전 287년~기원전 212년)

"수학을 배우지 않은 사람에게는 믿기지 않게 보이는 일들이 있다."

왕관에 금이 얼마나 들어 있는지 궁금했던 왕은 당시 천재 수학자로 불리던 아르키메데스에게 금관의 부피를 재는 방법을 알아 오라고 했어. 고민하던 아르키메데스는 목욕을 하려고 물이 가득 찬 욕조에 들어갔다가 욕조 안의 물이 흘러넘치는 걸 보고 "유레카!(알았다!)"라고 외쳤지. 너무 흥분한 나머지 맨몸으로 시내로 뛰어나갔대. 아르키메데스는 물이 가득 찬 통에 물체를 넣으면, 흘러넘친 물의 부피가 그 물체의 부피와 같다는 걸 깨달은 거야. 이 원리를 '아르키메데스의 원리' 또는 '부력의 원리'라고 불러. 그는 특히 도형 연구에 가장 흥미가 있었어. 아르키메데스의 중요 업적 중 하나는 구의 겉넓이($4\pi r^2$), 구의 부피($\frac{4}{3}\pi r^3$)를 알아낸 거야. 아르키메데스는 그 사실을 매우 자랑스럽게 생각했지.

1998년에 과학자들은 아르키메데스가 그 당시에도 무한대 개념과 미적분(적분과 미분이라는 두 종류의 수학 개념을 나타낸 수학 용어)을 이해하고 있었음을 밝혀냈어. 현대 과학자들과 기술자들이 날마다 사용하고 있는 무한대와 미적분은 그가 죽은 지 2,000년 후에나 정리된 개념인데 말이야.

미술 속 수학

자칭 예술가 오스카, 수학을 의심하다!

오스카는 한껏 멋있는 척 곱슬머리를 쓸어 넘기며 이렇게 말했어.

"진정한 예술가는 편안한 집에서 예쁜 모양이나 만들지 않아. 엄청난 고통 속에서 작품을 완성한다고."

평소의 샘이었다면 오스카의 말을 꼬투리 잡아 놀렸을 텐데, 아무런 반응이 없었어. 대신 빠른 걸음으로 미술실로 들어갔지. 강당에 모여 있던 사람들도 샘을 따라 미술실로 들어가고, 자리가 부족해서 안으로 들어가지 못한 사람들은 미술실 밖으로 모여들었어.

샘은 벽에 걸린 포스터 두 점을 가리키며 말했어.

"오스카, 네가 제일 좋아하는 예술가가 누구더라? 에셔 맞나?"

사방에서 "그게 누구?" 하며 웅성거렸고 오스카는 콧방귀를 뀌었지.

"에셔는 20세기 최고의 예술가였지, 수학자가 아니야."

오스카는 한껏 멋있는 포즈를 취하며 말했어.

M.C. Escher's "Reptiles" ©2006 The M.C. Escher Company-Holland

난 수학도 싫지만, 오스카가 멋진 척하는 것도 너무 싫어.

"물론 에셔는 수학자가 아니야. 하지만 그의 작품 속엔 수학이 숨어 있어. 설마 몰랐던 건 아니지?"

샘의 말에 오스카의 표정이 굳어졌어. 샘이 벽에 걸린 그림 하나를 가리키자, 오스카는 의심스러운 표정으로 그림을 쳐다봤어. 액자 속 그림엔 도마뱀 여러 마리가 그려져 있었어.

"이 그림을 잘 봐. 에셔의 그림은 불가능의 세계를 보여 주고 있어. 그림 속과 그림 밖의 도마뱀이 연결되면서 끝없이 펼쳐지는 무한의 세계를 그린 것 같지?"

"그런데 이게 수학과 어떻게 연결된다는 거야?"

오스카가 따져 물었어.

"착시 현상을 일으키는 그림 대부분은 모자이크로 이루어져 있어. 이 그림처럼 도마뱀이 반복되는 이미지로 표현된 것이 바로 모자이크로 이루어진 거야."

"모자이크가 뭔데?"

난 좀 부끄러웠지만 다른 친구들도 궁금할 것 같아서 물었어.

"서로서로 빈 공간이나 겹치는 부분이 없이 딱 들어맞는 것을 모자이크라고 해."

샘의 말을 들으니 갑자기 테트리스 게임이 떠올랐어.

"테트리스 게임 같은 거네?"

"뭐, 그렇다고도 할 수 있지. 테트리스 게임은 블록들을 옆으로 서로 끼워 넣어 맞추고 빈 공간 없이 공간을 채우는 거니까."

"그럼 축구공 무늬도 모자이크 원리겠네."

이번엔 에밀리가 공을 차는 흉내를 내며 말했어.

"내 운동화 바닥도 모자이크 무늬야."

"학교 화장실 타일도 모자이크 원리 맞지?"

다른 친구들도 자신이 알고 있는 모자이크를 말했어.

"너희가 말하는 예들은 정말 기초적인 것들이야. 가장 간단한 모자이크는 크기와 모양이 같은 도형으로 이루어진 거야. 정삼각형이나 정사각형, 정육각형처럼 말이야. 그러고 나면 두 개 이상의 도형으로 이루어진 모자이크를 만들 수 있지."

"잠깐!"

오스카가 나섰어.

"네가 지금 말한 건 에셔의 작품과는 달라. 에셔의 작품은 단순히 도형들만 배치한 게 아니라니까."

오스카의 물음에 샘은 이렇게 대답했어.

"물론이지, 오스카. 하지만 복잡한 에셔의 착시 작품도 처음에는 단순한 도형에서 시작한 거야."

레이크 장관이 말을 끊으며 끼어들었어.

"아쉽지만 여기에선 확인할 수 없겠구나."

"그렇다면 제가 보여 드리죠."

샘은 자신 있게 서랍 쪽으로 다가갔어. 그러고는 가위, 테이프, 물감이 든 통 2개, 두꺼운 종이 2장, 큰 흰 종이 1장을 꺼냈어.

"이렇게 해 볼게요. 일단 두꺼운 종이를 정사각형 모양으로 오린 다음에, 어느 것이든 한쪽 면에서 떼어 낸 조각을 다시 반대편에 붙이기만 하면 됩니다."

샘은 정사각형 한쪽을 구불구불 물결무늬로 자른 뒤 반대쪽에 붙였어. 그러고는 아래쪽 일부를 잘라 위쪽에 붙였어. 딱 봐도 이상한 모양이었지. 저런 모양을 뭐라고 불러야 할지 몰라 내가 고개를 갸웃거리자, 샘은 확신에 찬 표정으로 완성된 모형을 남은 종이에 대고 그 모양대로 잘랐어. 그러니까 두 개의 모양이 어느 면을 맞대어도 꼭 맞았어. 샘은

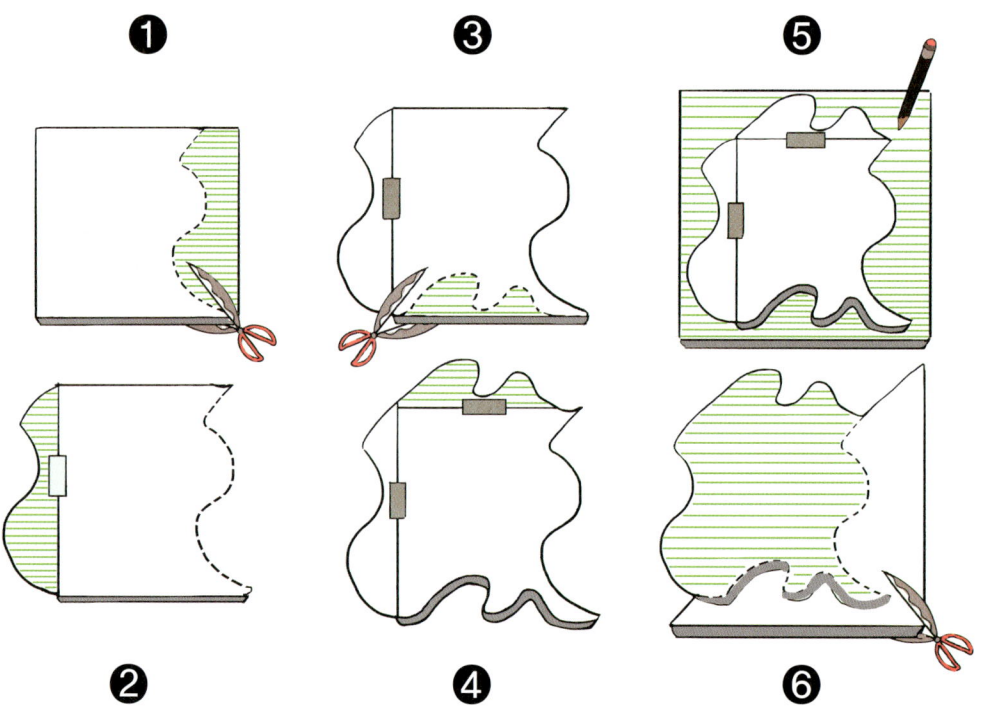

종이 모형 하나를 들어 빨간색 물감을 묻혔어. 그러고는 큰 흰 종이 모서리에 눌러 찍어 냈어. 샘은 나에게 눈짓으로 다른 모형에 보라색 물감을 묻히라는 신호를 보냈어. 내가 색을 묻혀 건네자 샘은 두 가지 색의 모형을 번갈아가며 촘촘하게 찍었어. 그랬더니 어느새 하나의 작품처럼 보이는 그림이 완성되었지. 내 눈에는 아주 멋진 작품처럼 보였어.

"그건 에셔의 작품이 아니야."

오스카는 샘이 만든 작품을 쳐다보지도 않고 말했어. 샘이 어깨를 으쓱하자, 오스카의 목소리는 더 커졌어.

"왜냐고? 이건 아무리 예술로 포장해도 그래픽 예술일 뿐이야. 난 실

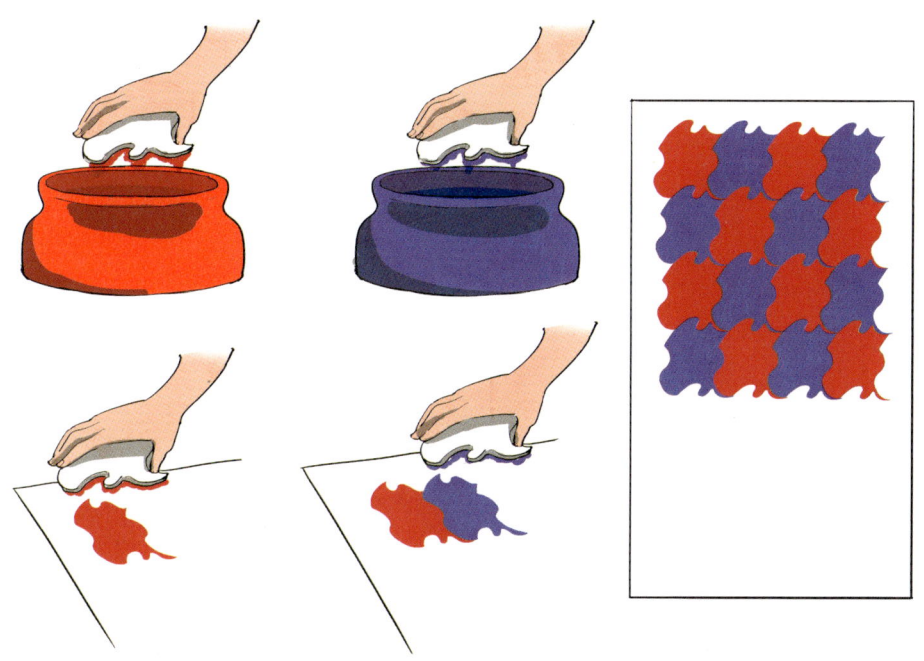

제 예술에 관심이 있다고. 실제 예술은 수학과는 전혀 관련 없어."

샘의 반격이 시작되었어.

"뭐? 그럼 특수 효과도 예술이 아니라는 거야? 영화에서 현실처럼 보이는 부분은 실제로 CGI(Computer Grapic Image)라고 하는 컴퓨터 그래픽 이미지를 이용해서 만들어지는 거야. 그리고 사진도 있잖아. 사진까지 들먹이면서 시간 낭비 하고 싶진 않다."

오스카는 특수 효과에 대해서는 더 이상 반대 의견을 펼 수 없는 듯했어. 다른 아이들 역시 고개를 끄덕였지. 각자 자기가 본 영화 속의 컴퓨터 그래픽에 대해 이야기하느라 소란스러웠어.

"잠깐만!"

소리 치는 오스카의 얼굴은 '딱 걸렸어' 하는 표정이었어.

"대체 CGI라는 것이 뭔데 그래? 난 그게 예술과 어떤 관련이 있다는 건지 전혀 모르겠는데?"

"그건 컴퓨터가 만들어 내는 이미지를 말하는 거야."

샘은 재빨리 대답했어.

"디지털 애니메이션이라고 하지. 사실 컴퓨터는 수학으로 작동되는 기계잖아. 선생님, 이 컴퓨터 좀 써도 될까요?"

둘의 대화를 듣고 있던 미술 선생님은 고개를 끄덕였어.

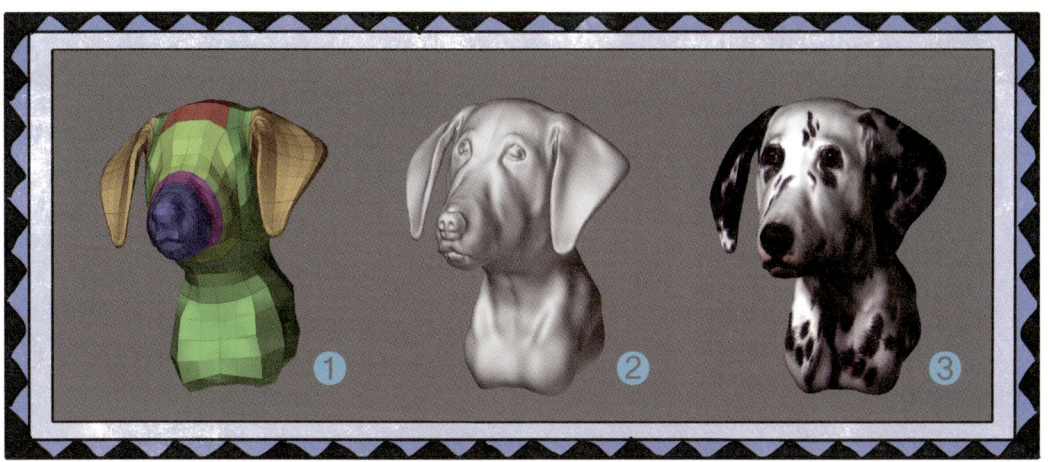

© 2006 Fion Mok. Reprinted with permisson.

"CGI는 스크린에 완벽한 가상 세계를 만들 수 있어. 여기 강아지를 좀 봐. 이 컴퓨터 그래픽 강아지도 실제로는 숫자와 방정식으로 저장되어 있지. 그 숫자와 방정식이 여기 면과 모서리, 수천 가지 얼굴 표정을 만들어 주거든(사진 ❶). 그다음에 컴퓨터로 만든 이차원 표면을 틀 위에 씌워 주는 거야(사진 ❷). 마치 벽지를 바르거나 선물을 포장하는 것과 같은 방식으로 말이지."

오스카는 아직도 시비 걸 게 남았나 봐.

"예술에서 중요한 명암이 빠지면 안 되지. 명암이 있어야 진짜처럼 보인단 말이야"

"걱정 마, 오스카. 컴퓨터는 한 화소에 수백만 가지의 색을 입힐 수 있어서 명암을 제대로 나타낼 수 있지. 가상의 세계를 진짜처럼 보이도록 하려면 명암이 중요하니까. 명암을 표현할 때는 엄청난 양의 방정식이 필요하거든. 하나는 광선 추적법이라는 건데, 가상의 광선이 지나갈 만한 모든 길을 처음부터 도착 지점까지 생각하는 거야. 거울이나 벽에서 반사되는 광선까지 상상해서 예측하는 거지."

"뭐, 신기하기는 하네. 컴퓨터 그래픽으로 만든 강아지가 꽤 진짜 같은데."

모니터 속 강아지를 빤히 보던 오스카가 뭔가 발견한 모양인지 고개를 갸웃했어.

"무언가 빠진 것 같은데? 아! 강아지 털이 빠졌잖아."

"안 그래도 얘기하려고 했어."

샘은 기다렸다는 듯이 설명을 이어 갔어.

"그래픽 아티스트들은 손쉽게 털을 표현할 수 있어. 하지만 털의 모양, 예를 들면 곱슬거리는 털, 뭉쳐 있는 털 같은 것을 제대로 잘 표현하기 위해서는 엄청난 데이터가 필요하지. 영화 〈토이 스토리 4〉를 만들 때, 애니메이션 제작자들은 1초의 장면을 만들기 위해 약 120장의 프레임을 사용했대. 서버 2000대로 이루어진 세계 25위 급 슈퍼컴퓨터로 말이야. 그렇게 해서 주인공 '우디'의 옷에 일어난 보풀까지 보였던 거야."

설명을 끝낸 샘은 그래픽으로 만든 강아지에 털을 덮어씌웠어.

"학교 컴퓨터 성능이 좋아서 털을 쉽게 입힐 수가 있네."

"완전 멋지다!"

옆에 있던 어떤 친구가 불쑥 끼어들었어.

"옛날 영화에서 컴퓨터 그래픽으로 만든 사람들을 보면 머리카락이 헬멧을 쓴 것처럼 어색했어!"

그 친구가 손으로 헬멧을 표현하며 우스꽝스러운 표정을 짓자 다른 친구들도 웃기 시작했어.

"이제는 그렇지 않아. 영화 〈어벤져스〉에 등장하는 '헐크'만 봐도 알 수 있어. 헐크로 변할 때 꼭 진짜 사람처럼 핏줄까지 서 있잖아. 그래픽을 입히기 전에는 아무 배경도 없는 상태에서 검은 쫄쫄이만 입고 찍는다는 건 아무도 몰랐을걸?"

샘은 굉장한 걸 알려 준다는 듯이 여유 있게 미소를 지었어.

"기술이 점점 좋아지기 때문에, 화면에 나오는 인물을 만들기 위해

수없이 해야 하는 엄청나게 복잡한 계산을 우리가 몰라도 괜찮은 거야."

"그런데 인물이나 물건이 화면에 하나씩 등장하지 않잖아. 배경도 많고, 여러 인물도 나오고. 그런 건 어떡해?"

"그럴 때는 컴퓨터가 화면에 나올 물건 앞, 뒤, 심지어 가려져 있는 것들까지 비교해서 크기를 계산해."

샘은 막힘없이 설명을 이어 갔어.

"물체가 돌고, 바뀌고, 이동하고, 크기가 변하며 깜빡거릴 때마다 항상 새로운 이미지가 필요해. 캐릭터가 움직이는 것처럼 보이기 위해서

는 1초에 30~60개의 이미지가 눈앞에서 펼쳐져야 해. 기술이 복잡하게 발전했기 때문에 영화를 보면 관절이 뼈를 움직이고, 뼈가 근육을 움직이고, 근육이 피부를 움직이는 모습까지 볼 수 있지. 이 모든 현상이 눈 깜짝할 사이에 일어나. 그 짧은 시간에 얼마나 많은 컴퓨터 조작이 이루어지는지 아마 상상도 못 할 거야."

"수학이 엄청나게 많이 필요하겠다! 그래도 사람이 많아 보이도록 하는 작업은 좀 쉽지? 그냥 똑같은 인물을 계속 복제만 하면 되잖아."

난 그 복잡한 과정을 전부 이해할 수는 없지만, 그냥 같은 걸 붙여 넣는 건 쉬울 것 같았어.

"복제만 한다고 되는 일이 아니야. 애니메이션을 만들 때 몇 가지 기본 모델을 가지고 머리, 몸, 옷과 같은 것을 다르게 결합하여 서로 다른 캐릭터를 만들어. 어떤 동작은 복사를 할 수도 있지. 하지만 모든 사람들이 다르게 움직이도록 하기 위해서는 컴퓨터가 특정한 수학 규칙을 가지고 있어야 해. 만약 만화 속 사람들이 다른 장소로 이동하려고 하면, 컴퓨터는 각 캐릭터에게 주변에 있는 사람들과 같은 방향으로 움직이라고 명령을 해야 해. 또 서로 부딪히지 않도록 하는 명령을 추가해야 하지."

"뭐, 멋진 것 같네. 그래도 수학을 많이 쓰는 게 그래픽 분야니까."

오스카는 아직 설득되지 않은 표정이었어.

"네가 진정한 예술가라면 좀 더 쉽게 작품을 만들기 위해서 수학의 힘을 빌려야 할 거야."

샘은 오스카를 보며 어깨를 으쓱거렸어.

"뭐 그럴 수도 있겠지만 예술가들은 대부분 연필과 종이를 이용해서 그림을 그린다고."

오스카는 자신의 스케치북과 연필을 집어 들었어.

"초상화, 풍경화, 만화를 그릴 때 필요한 건 스케치북과 연필이야. 사실 나는 손으로 그린 만화를 좋아해. 그리고 한 가지 덧붙이면, 손으로 그림을 그릴 땐 수학은 필요 없지!"

"아니야. 만화를 포함한 모든 그림은 수학을 이용하고 있어."

샘이 받아쳤어.

"15세기 화가들, 음악가들은 수학자이자 과학자이기도 했어. 그들은 어디서 바라보느냐에 따라 물체의 크기와 형태가 변한다는 사실을 알아챘어. 그래서 그 사람들은 그림을 그릴 때 수학을 사용했다고."

"그건 수학이 아니라 원근법이라는 미술 표현법이야!"

오스카의 목소리가 점점 커졌어.

"그 예술가들이 수학을 이용해서 원근법이라는 체계를 만든 거야. 그

원근법은 네가 그리는 만화나 다른 그림들에 쓰이고 있고."

오스카의 얼굴은 빨개졌어. 하지만 아직 끝난 게 아닌가 봐. 샘이 그림을 그리기 시작했어.

"보여? 원을 그렸지만 이 각도에서 보면 타원형으로 보이지? 그리고 저 먼 곳까지 이어지는 길을 그릴 때는 길 양쪽이 모두 소실점에서 만나도록 그려야 해. 물론 우리가 그 도로를 실제로 만져볼 수는 없지만 말이야."

샘은 오스카에게 펜을 건네며 말했어.

"만화의 한 장면을 우리에게 그려 줘. 뭐든 괜찮아. 내가 소실점을 찾아서 너도 그림을 수학의 관점에서 그리고 있다는 사실을 증명해 줄게."

나는 오스카가 진짜 그림을 그리겠다고 나설 줄은 몰랐어. 오스카는 펜을 집어 들더니 기차선로 위에 꽁꽁 묶여 있는 한 남자를 재빨리 그렸어. 샘은 빨간 펜과 자를 집어 들더니 평행선을 찾아서 서로 연결되도록 그림 위에 선을 그렸지.

"자, 이제 너도 보이지?"

장관님과 샘의 대결이 아니라, 오스카와 샘의 대결을 본 것 같아. 최소한 누가 이겼는지는 확실해.

샘과 제레미의 수학 발전소

글자 대신 수식으로 말해 볼까?

오늘도 샘이 무언가를 적으면서 집중하고 있어. 다가가서 뭐 하나 봤더니, 종이에 온갖 수식이 가득한 거야! 샘에게 이게 뭐냐고 묻자 샘은 이렇게 말했어.

디오판토스처럼 앞으로의 인생 계획은 방정식을 활용한 수학 문제로 정리할 거야.

도대체 어떤 사람이 방정식으로 인생 계획을 세워?

디오판토스의 묘비에는 디오판토스의 일생이 담겨 있어. 묘비 내용을 한번 볼까?

'그는 일생의 $\frac{1}{6}$을 어린이로, 일생의 $\frac{1}{12}$을 청년으로, 그 후 일생의 $\frac{1}{7}$이 지나서 결혼을 했으며, 결혼 후 5년이 지나서 아들을 낳았는데, 그 아들은 아버지 나이의 절반밖에 살지 못하고 먼저 죽었으며, 그런 슬픈 일이 있은 지 4년 후에 그도 죽었다.'

$$\frac{1}{6}x + \frac{1}{12}x + \frac{1}{7}x + 5 + \frac{1}{2}x + 4 = x$$
$$\frac{9}{84}x = 9$$
$$x = 84$$

디오판토스는 84세까지 살았구나!

알렉산드리아의 히파티아
(370년~415년)

"생각할 수 있는 권리를 누리자!"

최초의 여성 수학자라고 알려진 히파티아는 교육의 중요성을 강조했던 아버지 덕분에 수학자, 천문학자, 연설가, 철학자로 이름을 날렸어. 이집트 알렉산드리아에 있는 대학교에서 학생들을 가르쳤는데, 워낙 출중한 외모 때문에 학생들이 수업에 집중하지 못하자 학생들이 자신의 얼굴을 보지 못하게 숨어서 강의했대. 청혼을 한 사람이 많았지만 히파티아는 모든 청혼을 거절하며 이렇게 대답했다고 해.

"전 이미 진리랑 결혼했답니다."

히파티아는 당시 알렉산드리아에서 가장 유명한 학자였어. 수학과 철학에서 아주 뛰어난 능력을 보였거든. 이 무렵에는 철학과 기독교 사이에 갈등이 지속되고 있었지. 기독인들은 기독교의 사상과 종종 부딪히던 철학의 개념에 불만이 많았어. 특히 히파티아의 철학에 관한 연설에 의구심을 가졌지. 결국 히파티아는 기독교 광신도들의 공격을 받아 목숨을 잃고 말았어. 어떤 역사학자는 이 일을 중세 암흑시대의 시작을 알리는 사건이라고 했어. 왜냐하면 그 이후로 알렉산드리아에서 학문의 기초인 자유를 찾을 수 없다며 많은 학자들이 떠나 버렸거든. 이후 학문과 예술이 쇠퇴하는 암흑기가 1,000년 동안이나 지속됐지.

> 숙제 안 해 온 학생 있나요?

음악 속 수학
음악 천재 젠, 수학을 흔들다!

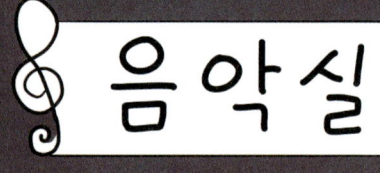

　사실 샘은 수학에만 미친 게 아냐. 수학도 잘하면서 미술, 음악, 체육도 다 잘해. 그래서 가끔 아주 얄미워. 학교에는 샘 같은 친구들이 몇 명 있어. 그중에서 최고는 오스카야. 오스카는 자기가 세상에서 제일 잘생기고 멋지면서 똑똑하고, 착하다고 생각하니까. 그래서 아마 오스카를 처음 본 사람은 절대 오스카와 친해질 수 없을 거야. 오스카는 누구에게든 쉴 새 없이 자기 자랑을 하거든.

　"난 못하는 게 뭘까? 잘생긴 얼굴에 뛰어난 예술 감각, 거기에 수학적 재능까지 있다니!"

　오늘도 시작됐네. 내 말이 절대 과장이 아니라는 걸 이젠 알겠지? 하지만 오늘은 오스카의 자랑이 그리 오래가지 못했어. 오스카의 천적 젠이 나섰거든.

　"참나, 너만 수학적 감각을 가진 예술가라고 생각하니?"

젠은 오스카가 반박하기 전에 한 번 더 말했어.

"수학은 미술뿐 아니라, 음악에도 많이 쓰인다고!"

오스카는 한 방 먹은 표정이었어. 오스카는 젠을 무서워해. 왜냐하면 항상 젠의 말에 반박하지만 한 번도 이긴 적이 없거든. 참고로 젠은 샘과 유일하게 수학적 대화가 가능한 아이야. 젠과 샘이 만나면 누구도 잘 못 알아들을 것 같은 암호 같은 대화를 하곤 해.

젠은 음악을 아주 좋아해서 학교에서 밴드 활동을 해. 젠이 연주하는 기타 소리를 들으면…… 음, 꼭 음악과 수학이 우주를 지배한 것 같은 기분이랄까. 잘 모르겠다는 말인 거 알지?

음악에도 수학이 담겨 있다고 말을 시작한 젠은 다다다 말을 쏟아 내기 시작했어.

"네가 좋아하는 르네상스 시대의 예술가들도 수학이 예술과 관련이 있다는 걸 아는데, 오스카 네가 그걸 몰랐다니. 정말 이해가 안 되네."

오스카는 금방이라도 울 것 같은 표정이었어. 하지만 젠은 멈추지 않았지. 다만 대화 상대를 바꾼 것 같았어.

"음악을 위해서라도 수학 공부가 필요하거든요?"

젠이 레이크 장관을 째려보자 장관은 새로운 인물의 등장에 당황했는지 그저 주변을 두리번거렸어. 샘이 이 기회를 놓칠 리 없지.

"많은 르네상스 수학자들이 훌륭한 음악가이기도 했죠."

레이크 장관은 무슨 꿍꿍이인지 뒤쪽에 서있던 보좌관을 자꾸 쳐다보면서 대답을 회피했어. 그러자 젠은 답답하다는 듯이 크게 한숨을 쉬더니, 모두 음악실로 가자고 외쳤어. 장관과 샘을 포함한 모두가 음악실로 자리를 옮기자 젠은 가방에서 악보를 꺼냈어. 그러고는 레이크 장관 손에 쥐어 주었지.

"악보를 보세요. 어떤 악보에든 수학이 있어요! 음표 이름도 분수 같죠. 2분 음표, 8분 음표, 16분 음표."

"음표를 더하는 방식도 분수와 같아요. 그 외에도 악보를 보면 수학적인 요소를 찾을 수 있어요."

샘은 음악실 책상 위에 있던 악보를 펼쳐 들고 젠의 말을 거들었어.

"정말 이해가 안 되는구나."

레이크 장관이 입을 삐죽거리며 말하자 젠은 못 참겠다는 듯 악보를

손으로 두드렸어.

"장관님! 여기 음표를 좀 보세요. 작은 단위의 음표들이 반복되고 있잖아요. 작곡은 작은 단위의 음표를 어떻게 배열하느냐에 따라 달라진다고요."

젠이 큰 소리로 이야기할 때마다 장관은 움찔거렸어. 무척 놀랐나 봐. 아마 장관은 샘처럼 생각을 하는 아이는 없을 거라고 생각했던 게 아닐까? 아무튼 젠은 참 대단해. 장관 뒤에 엄청 무섭게 생긴 경호원이 있는데도 저렇게 장관을 째려 보면서 이야기를 하다니!

샘이 젠의 말을 뒷받침하듯이 이야기를 꺼냈어.

"세상에서 제일 유명한 수학자가 누군지 아세요?"

샘의 질문에 다들 수군거렸지. 나도 가만 생각해 봤어. 누가 있더라? 아, 생각났어. 나는 큰 소리로 "피타고라스!"라고 외쳤지.

"맞아. 피타고라스는 수백 년 전에 이미 비율의 중요성을 알았어. 이런 사실을 일현금에 있는 현의 길이로 설명했지."

"일현금이 뭐야? 먹는 거야?"

샘과 젠이 기가 막히다는 듯한 표정으로 나를 쳐다봤어. 이런! 나는 농담을 한 건데 정말 먹는 거라고 생각하는 줄 아나 봐.

"아, 일현금은 기타와 비슷하게 생겼어. 하지만 현이 한 개이고, 움직일 수 있는 줄 받침이 있지. 옛날 악기라 모를 수도 있겠다."

"그래서 피타고라스랑 일현금이 무슨 상관인 거야?"

"피타고라스는 현의 길이를 반으로 줄이면 두 배 높은 소리가 난다는 사실을 발견했어. 그게 바로 2:1의 비율이야."

샘은 구석에 있던 기타를 들고 왔어.

"이 첫 번째 현이 미야. 반으로 줄이면 높은 미 소리가 나지."

나는 기타를 가져와 손으로 현을 짚고, 머리를 흔들며 로커가 된 피타고라스 흉내를 냈어. 아이들이 와아 하고 웃으며 호응했어. 다른 포즈를 취하려는 순간, 누군가 내가 들고 있던 기타를 뺏어 갔어. 젠이었지.

"장난 그만해. 장관님, 들어 보세요! 설명하자면, 다른 프렛을 누를 때마다 현의 길이가 다르니까 음의 높이가 달라지는 거예요."

젠은 음계를 직접 연주하며 말을 이어 갔어.

"다른 음으로도 화음을 만들 수 있어요. 도와 파, 도와 솔도 잘 어울리는 음이죠. 피타고라스는 도를 칠 때 솔을 칠 때보다 현의 길이가 1.5배 정도 더 길다는 사실을 발견했대요. 도 음과 파 음을 비교하면 도를 칠 때가 파를 칠 때보다 현의 길이가 1.3배 정도 더 길어요. 정말 놀랍죠?"

'그게 놀라운 발견이라고?' 내 생각이 표정에 드러났는지 젠은 나를 쳐다보며 인상을 찡그렸어.

"전혀 놀랍지 않다는 표정이네? 하지만 피타고라스에게는 1, 2, 3과 같은 작은 정수들이 세상을 지배하고 있다는 증거였다고."

가만히 이야기를 듣고 있던 장관이 끼어들었어.

"그건 음악을 하는 너희들 입장에서나 그렇겠지. 그런 건 알 필요가 없어. 여기 있는 사람들이 모두 작곡가가 될 것도 아닌데."

레이크 장관의 말도 일리가 있어. 여기서 작곡하는 사람이 몇 명이나 될까? 나는 이번에는 샘도 좀 당황했을 거라고 생각했어. 하지만 그건 괜한 걱정이었지. 샘은 그 말을 기다렸다는 듯이 오히려 얼굴에 미소를 띠고 있었어. 그냥 '수학 천재' 샘을 믿고 지켜봐야지!

"훗, 누구든 작곡가가 될 수 있어요. 이것처럼 미디(MIDI, 전자 악기와 컴퓨터를 연결하는 프로그래밍) 기능을 갖춘 키보드만 있으면 당장이라도 작곡을 할 수 있죠. 이 키보드로 다양한 악기 소리를 내어 연주하고, 빠르기와 효과음도 실험해 볼 수 있어요. 게다가 키보드에 녹음도 하고, 악보도 마음대로 인쇄할 수 있죠."

젠은 샘이 설명한 키보드를 보며 굉장한 물건이라고 소리쳤어.

"그런데 도대체 수학은 어디에 있지?"

레이크 장관의 비꼬는 듯한 물음에 젠이 끼어들었어.

"바로 전자악기 공유 숫자! 1983년에 개발됐죠."

젠은 이제 레이크 장관이 당황하는 모습을 즐기는 것 같아. 샘이 젠에게 눈짓으로 고맙다는 신호를 보내고 이렇게 말했어.

"건반을 누를 때마다 소리가 기호로, 다시 숫자로 바뀌죠. 숫자 하나는 지금 연주하고 있는 음계를 나타내고, 또 다른 숫자는 음량과 시간을 나타내요. 사실 음악이 녹음되는 게 아니라, 수학이 사용되는 거죠. 그리고 다시 들어 볼 때는 숫자 기호들이 풀리면서 소리가 되는 거랍니다. 이런 과정은 이미 건반에 기억되어 있죠."

젠은 샘의 설명에 더욱 신이 나서 말을 안 할 수 없는 모양이야. 저 둘의 수학 사랑을 누가 말릴 수 있을까?

"모든 소리는 첨단 기술을 이용한 거예요. 하지만 200년 전에 음악을 하던 사람들은 컴퓨터가 필요 없었어요. 주사위 두 개와 가위 몇 개만 있으면 음악을 만들 수 있었거든요."

"그런 걸로 어떻게 음악을 만들어?"

내가 물었어.

"너 정말 아무것도 모르는구나? 당시 작곡가들은 다른 사람이 쓴 악보의 소절에 번호를 매기고, 그 소절들을 잘라 낸 다음 마음대로 다시 배열해서 음악을 만들었어."

"모차르트나 다른 유명한 작곡가의 작품 일부를 힙합으로 다시 만드는 것과 비슷해. 아무튼 주사위를 던져 뽑은 숫자를 이용해서 음들을 다시 배열해서 작곡을 했어."

샘이 덧붙여 말했어.

"다른 사람들이 만든 음악을 잘라서 새로운 음악으로 만들었다고? 그것도 주사위로 뽑은 숫자로? 좀 치사한 행동 같은데?"

내가 끼어들었지만 샘과 젠은 내 말을 못 들은 체했어.

"운동, 미술, 음악을 더 잘하기 위해 수학을 이용한다면서 결국 결론이 남들을 속이는 짓인가?"

레이크 장관이 고개를 절레절레 저으며 말했어. 장관의 말에 다들 동의하는 분위기가 됐어.

그때 누군가 말했어.

"저…… 저도 레이크 장관님의 말에 동의합니다!"

세상에, 수학을 끔찍이도 싫어하는 노튼 선생님이었어. 혹시 다시 수학을 가르치게 될까 봐 초조하게 상황을 지켜보던 노튼 선생님이 드디어 입을 연 거야.

샘과 제레미의 수학 발전소

전 세계 수학자들을 위한 축제, 세계 수학자 대회

 내 장래 희망은 4년마다 열리는 '세계 수학자 대회'에서 상을 받는 거야. 이 모임은 1897년 스위스 취리히에서 개최되었는데, 100년이 넘는 기간 동안 지속되면서 훌륭한 수학자들을 알리고 있어.

필즈상 수학계에서 가장 권위 있는 상으로 수학계의 노벨상으로 불려. 수학적 업적을 남긴 40세 미만의 수학자 중에서 선발하지.

네반리나상 핀란드 수학자 네반리나를 기리는 상으로 '수리 정보 과학' 분야의 수학자에게 수여돼.

가우스상 공학, 비즈니스, 실생활 등 응용수학 분야에서 큰 공헌을 한 수학자에게 주는 상이지. 2006년부터 수여되었어.

천상 기하학 분야에서 큰 업적을 남긴 수학자에게 주는 상이야. 나이나 직업을 따지지 않고 수여해.

릴라바티상 이 상은 수학을 대중에게 널리 알려 관심을 이끌어 낸 수학자에게 줘. 이건 왠지 나도 받을 수 있을 거 같아. 물론 지금처럼 수학이 좋다면 말이야.

2018년 브라질에서 열린 수학자 대회에선 최초로 여성 필즈상 수상자가 나왔다며? 대회에선 시상뿐만 아니라 수학 난제를 발표하고 수학 연구를 어떤 방향으로 해야 할지 토론하기도 해.

소피 제르맹
(1776년~1847년)

==*"누가 진리에 먼저 도착했는지는 중요하지 않다.
더 중요한 건 그 진리가 어느 정도냐 하는 것이다."*==

소피 제르맹이 살던 시대에는 여자는 공부할 수 없었어. 프랑스의 상인이었던 부모님 밑에서 부유하게 자란 소피 제르맹은 수학 공부를 계속하겠다고 떼를 쓰다가 책과 초 등을 빼앗겼어. 하지만 소피는 굴하지 않고 밤새 이불 속에서 몰래 수학 공부를 했지. 소피는 아주 똑똑했지만 수학자들과 교사들은 여자인 소피에게 관심을 갖지 않았어. 당시 여자는 대학은커녕 공부하기도 어려웠거든. 새로 세워진 에콜 폴리테크닉이라는 수학 과학 전문학교도 여자의 입학을 금지했어. 그래도 소피는 포기하지 않고 여러 교수의 강의 노트를 몰래 훔쳐보고, 르블랑이란 남자 이름으로 과제를 제출했어. 이 과제물을 본 라그랑주 교수는 르블랑이란 남학생을 만나기 위해 여기저기 수소문했고, 그러다 소피의 정체가 탄로 나고 말았어.

소피는 이에 그치지 않고 당대 최고의 수학자 가우스와도 편지를 주고받는데, 이때도 자신이 여자라는 사실을 숨겼어. 가우스의 저서인 《산술 연구》를 읽고 자신의 생각을 적은 편지를 가우스에게 보냈고, 소피는 가우스와 '페르마의 마지막 정리'에 관한 이야기를 나누면서 탄성학에 관심을 갖게 됐지. 후에 그와 관련된 연구 결과를 과학 아카데미에 제출해 대상을 탔어. 여성 수학자가 용납되지 않는 시대에 소피 제르맹은 엄청난 업적을 남긴 거야!

자연 속 수학

수포자 노튼 선생님, 수학을 이해하다!

"자신이 가진 능력을 발휘해서 인정받아야지, 남을 속여서 되겠니? 그리고 세상에는 수학으로 설명이 안 되는 일이 정말 많단다."

노튼 선생님은 엄격한 표정을 짓고 있었어. 아마도 샘의 말과 행동이 마음에 안 드는 것 같아. 참고로 노튼 선생님은 수학 선생님이지만, 수학을 엄청 싫어해. 수학 시간에 선생님이 도망가서 수업을 못 한 적도 있다니까? 혹시 샘이 레이크 장관을 설득한다면 수학을 다시 배우게 될 테니, 샘의 말에 무조건 태클을 거는 것 같아.

"아니에요. 수학은 선생님의 생각보다 폭넓게 쓰이고 있어요."

샘이 본격적으로 반박하려는 순간, 카메라 기자가 끼어들었어.

"혹시 수학이 밖에서도 쓰이고 있다면 밖으로 나가는 게 어떻겠니? 좁은데 사람이 많아서 답답하구나."

그러고 보니 좁은 음악실에 사람이 꽉 차서 공기가 탁해진 것 같아.

교감 선생님이 과학실 옆 체험 학습장으로 가자고 말하며 먼저 나섰어. 그곳은 내가 제일 좋아하는 곳이야. 화려한 해바라기를 비롯한 다양한 꽃이 아름다움을 뽐내며 나비들을 유혹하고 있지. 왠지 체험 학습장은 사람의 마음을 진정시키는 효과가 있는 것 같아. 난 거기만 가면 졸리더라고. 모두 체험 학습장으로 이동했어. 활짝 핀 꽃들이 우리를 반겼지. 다들 꽃을 감상하느라 바쁜데, 노튼 선생님은 내내 불평이었어.

"어휴, 벌이 왜 이렇게 많아? 샘, 대체 수학이 어디에 있다는 거니?"

"코밑을 보세요."

샘은 무표정한 표정으로 대답했어. 그때 벌 한 마리가 꽃에서 날아올라 곧장 노튼 선생님 쪽으로 날아갔어. 노튼 선생님은 벌이 다가오자 비명을 지르면서 뒤로 물러서다 그만 개미집을 밟고 말았어.

"킥, 이번엔 발밑을 보세요."

샘은 웃음을 참고 있었어. 대결 중이라는 걸 잊은 걸까? 난 샘이 이 상황을 심각하게 생각하길 바랐어.

"이제 장난 그만해. 도대체 벌과 개미에 수학이 어디 있다는 거야?"

"내가 전에 너한테 엄마 친구 이야기했던 거 기억나?"

샘은 바닥에서 꼬물대는 개미를 바라보며 말을 꺼냈어.

"엄마 친구가 사막 개미를 연구하는 과학자라고 했잖아. 저번에 만났을 때 아주 재밌는 이야기를 해 주셨어. 사막에 사는 개미들은 멀리 나가도 길을 헤매지 않고 바로 개미집으로 돌아간대.”

"냄새 같은 흔적을 남겨 놓고 따라가는 게 아닐까?"

노튼 선생님이 아는 척을 했어.

"에이, 그건 아니에요. 그렇다면 개미들은 자신이 왔던 길을 따라갔겠죠. 엄마 친구 말로는 개미들이 사용하는 방법이 인공위성이 발명되기 전에 선원이나 조종사가 조종을 위해 썼던 '추측 항법'이래요. 추측 항법을 이용하면 현재 위치에서 얼마나 멀리 움직일 수 있는지도 금방 알 수 있어요."

"하지만 샘!"

갑자기 케이 선생님이 끼어들었어.

"추측 항법을 쓰려면 수학과 삼각법을 알아야 해. 그리고 속도와 시간, 방향을 측정할 수 있는 능력이 있어야 하지. 하지만 개미들은 측정 도구나 계산기를 가지고 있지 않잖아."

케이 선생님은 샘의 편이라고 생각했는데 아니었나 봐. 이 대결을 시작하게 한 케이 선생님의 속마음을 정말 모르겠어.

"개미들은 자신의 보폭을 기준으로 측정을 해요. 그리고 태양의 위치를 보고 돌아갈 곳을 파악하죠. 개미들은 계산 능력을 타고났어요. 그런

식으로 뇌가 발달했기 때문에 자신이 필요한 것을 자동적으로 계산할 수 있는 거예요."

"개미들이 진짜 계산할 수 있다면, 내 수학 숙제를 시켜도 돼?"

분위기를 바꿔 보려고 용기 내서 한마디했지만, 아무도 반응하지 않았어. 그냥 말하지 말걸…….

"개미 말고 다른 곤충들도 자신만의 측정법을 가지고 있어요. 저기 저 벌을 보세요."

샘의 말에 모든 사람의 시선이 일제히 한곳으로 쏠렸어. 벌 한 마리가 관찰용으로 만들어 놓은 벌집을 향해 날아가고 있었지.

"저 벌은 자신이 날아갈 때 비교 대상이 되는 다른 물체가 얼마나 빨리 움직이는지를 계산하면서 거리를 측정해요. 다시 자기 집으로 돌아갈 때 이 정보가 반드시 필요하거든요."

"어? 근데 벌집이 모자이크 모양이네."

세상에, 내 입에서 이런 말이 튀어나오다니. 나도 샘 때문에 사물을 수학적으로 보게 된 건가?

"벌집의 벽면을 육각형으로 만들면 더 많은 꿀을 저장하면서 밀랍은 가장 적게 쓸 수 있거든. 최고의 선택이지."

샘은 벌이 벌집으로 날아 들어갈 때까지 기다렸다가 벌이 들어가는 것을 가리키며 말했어.

"벌이 얼마나 먼 거리에서 날아왔을까요?"

샘의 질문에 다들 답을 생각하는 눈치였어. 하지만 선뜻 대답하는 사람은 없었지.

"어려운 질문인가요? 벌은 자기가 날아온 거리를 '춤'으로 표현해요.

암호를 만들어 정보를 보내고 다른 벌들은 이를 이용해서 먹이를 찾을 수 있게 되는 거죠."

레이크 장관의 눈초리에 의심이 가득했어.

"그냥 원을 그리며 도는 거겠지. 무슨 암호……."

"오, 원을 그리듯 움직이는 건 바로 10미터 이내에 먹이가 있다는 뜻이죠. 벌이 더 먼 거리를 가야 한다면 더 복잡한 춤을 추거든요."

이때 또 다른 벌 한 마리가 플라스틱 입구 쪽으로 날아왔어.

"보세요. 벌이 팔(8)자 모양의 춤을 추잖아요. 잘 살펴보면 얼마나 멀리서 날아왔는지 알 수 있어요. 벌이 몸을 떠는 시간이 길면 길수록, 먹이가 더 멀리 있다는 뜻이에요. 아, 중간에 몸을 떠는 부분은 태양의 위치와 비교해서 먹이가 있는 부분의 각도를 말해요."

"지금 저 작은 꿀벌이 거리와 시간, 각도를 측정했다고? 심지어 다른 벌들이 따라올 수 있도록 코스를 정해 놓는다는 거니?"

노튼 선생님은 이해가 안 된다는 표정이었어. 조금 전까지 고집을 피우던 레이크 장관도 이젠 풀이 죽었는지 목소리에 기운이 없었어.

"그건 본능이지, 수학과는 관련이 없는 것 같은데……."

그러자 샘은 나를 쳐다보고 웃으며 이렇게 속삭였어.

"제레미, 어른들은 자신보다 곤충이 더 똑똑하다는 사실을 받아들일

수가 없나 봐."

샘은 다시 큰 소리로 말했어.

"아마 이 모든 일이 계산과는 상관없는 일이라고 생각할 수 있어요. 하지만 수학이 바로 우리 곁에 있다는 사실은 변하지 않아요."

샘은 잠시 말을 멈추고 레이크 장관을 바라보았어.

"조금 지루한 것 같은데. 주제를 바꿔 볼까요?"

샘의 말이 계속될수록 친구들의 표정이 어두워졌거든. 그래서 나는 샘에게 계속 다른 이야기를 하라고 신호를 보냈지. 힐끗 보니 레이크 장관의 얼굴도 하얗게 질려 있었어. 샘은 어려운 이야기는 멈추고 흥미를 끌 만한 다른 주제를 생각하는 것 같았어. 나중에 안 사실이지만, 샘은 레이크 장관의 상태는 신경 쓰지 않았대. 단지 사람들의 마음을 움직일 수 있는 '수학의 예'를 찾을 생각뿐이었지.

"지금부터 야생 식물을 보여 드릴게요. 이 양치식물을 보세요."

샘은 큰 나무 밑으로 걸어가더니 그곳에서 자라고 있는 양치식물을 가리켰어.

"여기 이 무수한 잎이 보이세요? 큰 잎에 같은 모양의 더 작은 잎이 달려 있어요. 수학으로 프랙털이라는 개념이에요. 프랙털은 '분열되다'라는 뜻의 라틴어예요."

레이크 장관은 지겹다는 듯한 표정으로 "프랙털?"이라고 중얼거렸어. 물론 노튼 선생님의 표정도 점점 안 좋아졌지.

샘의 말에 한 친구가 신기하다는 듯이 손뼉을 쳤어.

"프랙털이라는 건 모양은 변하지 않고 크기만 점점 작아지는 거야?"

내가 묻자 샘은 고개를 끄덕이며 말했어.

"그래. 무한대로 작게 쪼개지는 거지. 이걸 '닮은꼴'이라고 불러."

샘의 말이 끝나자 레이크 장관이 의자에서 벌떡 일어나 소리쳤어.

"에이, 그건 말도 안 돼. 나뭇가지를 어떻게 무한대로 쪼개? 그게 된다면 지금 당장 해 보렴."

"장관님도 참……. 현실에서는 당연히 못하죠. 하지만 프랙털은 수학이라는 세계에서 무한대로 쪼개질 수 있어요. 프랙털은 수학 중에서도 가장 멋진 녀석이에요."

샘은 프랙털이라는 녀석이 무척 마음에 드는 모양이야.

"그럼 우주에 지구와 같은 행성이 있을 수도 있어? 나랑 똑같이 생긴 외계인도 있고?"

샘의 설명을 듣고 생각나는 대로 말했어.

"야! 너는 만화를 너무 많이 봤어."

샘은 내게 그런 일은 없다면서 핀잔을 주고는 다시 진지해졌지.

"프랙털은 정확히 설명하기 어려운 영역이에요. 프랙털 모양은 일차원(선), 이차원(넓이), 삼차원(부피)으로만 표현할 수 있는 것이 아니에요. 이렇게 한번 생각해 보면 어떨까요? 여러분이 빵을 삼차원의 물질로 묘사하는 거예요. 하지만 빵은 삼차원이 아니에요. 왜냐하면 삼차원의 물질은 속이 꽉 차서 딱딱해야 하는데 빵 속에는 여러 개의 구멍이 있으니까요. 그렇다고 빵이 정확히 이차원도 아니죠. 빵은 이차원과 삼차원의 중간 단계라고 할 수 있어요."

샘이 무슨 말을 하는지 점점 이해하기 어려워. 차원은 아무리 해도 떠오르지 않아. 좀 더 쉽게 설명해 주면 좋을 텐데……. 샘은 어리둥절한 표정을 짓는 레이크 장관을 보며 말했어.

"빵은 그냥 예를 든 거예요. 프랙털이 신기한 게 면적은 그대로 있지만 길이가 무한대로 늘어날 수 있어요."

"프랙털이 신기하지만…… 더 알고 싶진 않은데."

노튼 선생님은 힘주어 말했어.

"선생님, 잠시만요. 프랙털을 가지고 할 수 있는 일이 진짜 많아요."

이어서 샘의 설명이 물줄기처럼 쏟아졌어.

"프랙털을 이용해서 인구 증가를 연구하고, 산불을 끄기도 하고, 엎질러진 기름을 청소하고, 또 날씨, 지진, 주식 시장의 변화를 예측할 수 있어요. 그밖에도 할 수 있는 일이 아주 많아요."

샘은 잠시 생각하더니 다시 말을 이어 갔지.

"아빠가 예전에 옛날 영화를 보여 준 적이 있어요."

샘은 왜 갑자기 옛날 영화 이야기를 꺼내는 걸까?

"우리 부모님도 옛날 영화를 보여 준 적이 있어."

젠의 맞장구에도 아랑곳 않고 샘은 계속 말을 이어 갔어.

"옛날 영화의 배경은 정말 가짜 같았어요! 그러니까 오늘날 영화와 비교해 봤을 때 그렇다는 이야기죠. 며칠 전에 영화 〈라이온 킹〉을 봤을 때 정말 깜짝 놀랐어요. 실제 동물들이 나오는 줄 알았거든요. 심바의 털들이 바람에 날릴 때는 진짜 신기했어요. 그런 멋진 특수 효과를 만들어 내기 위해서는 컴퓨터 그래픽만 가지고는 안 돼요. 무한대의 섬세함을 표현하기 위해서는 프랙털과 같은 무한대의 개념을 사용해야 하죠."

"아, 머리 아파! 너무 복잡한 거 아니니?"

노튼 선생님이 정말 어렵다는 듯이 한숨을 크게 쉬었어.

"모양이 복잡해 보일 수 있지만, 결국에는 같은 방정식과 규칙을 사용해서 반복적으로 만든 거죠."

샘은 가방에서 연필과 종이를 꺼냈어.

"피타고라스의 나무라고 불리는 프랙털을 만들어 볼게요."

샘은 삼각형과 직사각형만 사용해서 마치 나뭇가지를 그리듯 그림을 그려 나갔어.

"규칙은 또 하나의 직사각형과 삼각형을 삼각형의 각 면에 붙이는 거예요. 이런 방식으로 컴퓨터에서는 이 작업을 무한히 반복할 수 있어요.

자신이 원하는 나무가 완성될 때까지요."

샘이 그리기를 끝내자 정말 나무 모양의 그림이 완성됐어.

"컴퓨터 그래픽 영화 제작자들은 'L 시스템'이라고 불리는 프랙털 프로그램을 사용해서 자연 상태의 물질을 더 정교하게 만들어요. 'L 시스템' 프랙털은 식물과 나무를 만들고 머리카락도 만들 수 있죠. 프랙털은 컴퓨터 그래픽 영화가 사용하는 아주 편리한 기법이에요."

샘이 말을 끝마치자 누군가 우리에게 다가와 말했어.

"그렇게 어려운 걸 꼭 이렇게 재미없게 알아야 할까?"

자칭 우리 학교 개그맨이 등장했어. 재미없는 개그 치는 걸로 유명한 랄프야.

"수학은 너무 복잡해! 내가 수학 없이도 너희들을 재미있게 해 줄게."

샘과 제레미의 수학 발전소

4x5=12? 4x6=13?

샘이 《이상한 나라의 앨리스》를 선물해 줬어. 지난번엔 《정수론》이란 책을 줬지. 읽었냐고? 아직. 내 낮잠 베개로 쓰고 있어. 이번엔 수학과 상관없어 보이는 책을 선물 받아서 정말 기뻐. 그런데 앞에 몇 쪽 읽어 보니까…… 이 책도 수학이랑 관련이 있네. 이 페이지 좀 봐!

> 4x5=12, 4x6=13, 4x7=14…….
> 20까지는 절대 도달하지 못할 거야!

 앨리스는 나보다 수학을 못해. 4x5가 12래.

저건 수의 진법을 이용해서 보면 맞는 계산이야.

4x5=12	18진법	20=18+2
4x6=13	21진법	24=21+3
4x7=14	24진법	28=24+4
4x8=15	27진법	32=27+5
4x9=16	30진법	36=30+6
4x10=17	33진법	40=33+7
4x11=18	36진법	44=36+8

 각 곱셈의 결과는 3진법씩 늘어나고, 결국 1씩 늘어나게 되는 거지. 하지만 이 값은 20이 나올 수 없어. 곱셈이지만 우리가 아는 곱셈과 다른 값이 나오는 건 10진법이 아니기 때문이야. 10진법 외에도 여러 진법이 있으니 말이야!

루이스 캐럴

(1832년~1898년)

"수학의 매력은 결과가 절대적으로 확실하다는 데 있다."

영국의 빅토리아 여왕은 동화책 《이상한 나라의 앨리스》를 무척 좋아했대. 그래서 이 책을 쓴 작가의 다른 글도 읽고 싶어 했어. 책을 받은 여왕은 무척 놀랐지. 전부 수학 논문 같은 제목의 책들이었거든. 왜냐하면 《이상한 나라의 앨리스》를 쓴 작가 루이스 캐럴이 수학자였기 때문이야! 본명은 찰스 루트위지 도지슨으로, 영국의 옥스퍼드 대학에서 논리학과 미적분을 가르쳤어. 루이스는 항상 엄격한 규칙을 지키는 반복적인 생활을 하면서 매일 일기를 썼대!

진지한 생각을 많이 하는 학자 같은 사람으로 보이지만, 어린이 책 작가로는 아예 다른 모습을 보였어. 아이들과 잘 어울려 놀고 재미난 시와 동화를 쓰기도 했지. 《이상한 나라의 앨리스》와 속편인 《거울 나라의 앨리스》가 발표되고 루이스 캐럴은 가장 유명한 어린이 책 작가 중 한 사람이 되었어. 그가 쓴 동화에는 수학 이야기가 가득해. 《이상한 나라의 앨리스》에는 많은 논리 이야기가 들어 있고, 《거울 나라의 앨리스》에는 수수께끼가 숨어 있지. 루이스는 동화뿐만 아니라 퍼즐과 게임에 관한 책이나 논리학 책을 쓰기도 했어. 단어 퍼즐, 논리 퍼즐과 수학적인 요소가 가미된 크로켓과 원형 당구를 발명하기도 했어.

　미리 경고할게! 랄프는 정말 재미없는 개그를 하는 친구야. 만약 랄프가 말을 걸면서 재미있는 이야기를 해 준다고 한다? 그대로 도망쳐야 해. 랄프는 학교에서 아주아주 유명해. 작년 이맘때쯤 학교에 개그 동아리가 생기면서부터야. 인기 개그맨이 개그 동아리 선생님으로 참여한다는 소문에 동아리에 들어오려는 아이들이 엄청 많았어. 치열한 경쟁 끝에 20명의 친구들이 개그 동아리 멤버가 되었지. 물론 그중엔 나와 랄프도 있었어. 하지만 그 동아리는 두 달 만에 사라졌어.

　왜냐고? 바로 랄프 때문이야. 시도 때도 없이 재미없고 썰렁하기만 한 개그를 하는 바람에 20명이나 되던 친구들이 다 나가 버렸거든. 결국 개그맨 선생님도 랄프에게 개그는 그만하는 게 좋겠다는 마지막 말을 남기고 떠났어. 이게 끝이 아니야. 랄프의 생일날 일어난 일을 이야기해 줄게. 랄프가 전교생한테 생일 파티 초대장을 줬어. 맛있는 음식과

재미있는 공연이 잔뜩 준비되어 있다고 했지. 샘은 가지 말자고 했지만, 내가 샘까지 억지로 끌고 갔어. 그땐 랄프가 어떤 애인지 잘 몰랐으니까. 나 같은 친구들 50명 정도가 모였어. 다들 맛있는 음식에 멋진 공연을 기대했지. 한 친구는 이틀 전부터 밥을 굶었다고 했고, 한 친구는 공연 사진을 찍겠다며 멋진 카메라까지 들고 왔더라고. 랄프는 아주 괴상

한 검은 옷을 입고 나타나서 팝콘을 하나씩 돌리더니 아주 재미없는 마술 쇼를 보여 줬어.

그때 생각만 하면……. 휴, 랄프가 착한 친구인 건 맞지만 랄프의 개그는 정말 심각할 정도로 하나도 안 웃겨.

"수학은 이렇게 봐도 저렇게 봐도 역시 재미없어."

랄프가 고개를 왼쪽, 오른쪽으로 움직이며 말했어.

"랄프, 왜 그렇게 생각해? 수학은 재미있는 과목이야."

"진심으로 수학이 재미있다고 생각하는 거야?"

아마 그 질문은 그 자리에 있는 모든 친구들이 하고 싶을 거야.

"어떤 수학책이 다른 수학책에게 말했대. 뭐라고 했을까?"

샘은 갑자기 엉뚱한 질문을 던졌어.

"모르겠어……. 뭐라고 했는데?"

랄프는 알고 싶어 못 견디겠다는 눈빛으로 샘을 바라보며 말했어. 샘은 뜸을 들이더니 이렇게 말했지.

"날 좀 내버려 둬. 지금 내 문제만으로도 머리가 아프다고!"

순간 주위가 몹시 조용해졌어. 샘이 수학을 너무 사랑한 나머지 미쳐 버린 걸까?

그때였어. 랄프가 몸을 반으로 접을 듯 흔들며 깔깔깔깔 웃어 댔어.

"와아! 진짜 재밌다. 다른 퀴즈는 없어? 샘, 네 유머와 내 개그를 합쳐서 같이 해 보면 정말 재미있을 것 같은데, 한번 해 볼래?"

잠깐, 그건 안 돼! 랄프에 샘까지 저 이상한 개그를 하도록 내버려 둘 수는 없어. 주위를 둘러보니 모두 얼굴을 잔뜩 찡그리고 있었어. 샘이 말했어.

"우선 수학을 이용해서 마술을 보여 줄게. 재료가 필요하니까 미술실로 가자."

우리는 다시 미술실로 향했어. 선생님들, 기자와 카메라맨 그리고 다른 친구들까지 모두 미술실로 몰려갔지. 샘은 미술실 서랍장을 뒤적거리더니 엽서 한 장과 실, 가위를 찾아냈어.

모두가 자리에 앉자 샘은 랄프에게 엽서를 건네며 물었어.

"네가 이 엽서가 찢어지지 않게 뚫고 나올 수 있을까?"

"샘, 장난해?"

랄프가 어이없다는 듯 대답했어. 정말 덩치가 큰 랄프가 저렇게 작은 엽서를 뚫고 나올 수 있다고 생각하는 걸까. 불안한 마음에 레이크 장관의 얼굴을 바라보았어. '드디어 걸려들었구나!' 하는 얼굴이었어. 하지만 샘이 저렇게 자신 있게 나선다면…… 분명 이유가 있겠지. 샘이라면 정말 가능할지도 모른다는 생각이 들었지. 샘은 엽서를 작은 쪽 모서리에

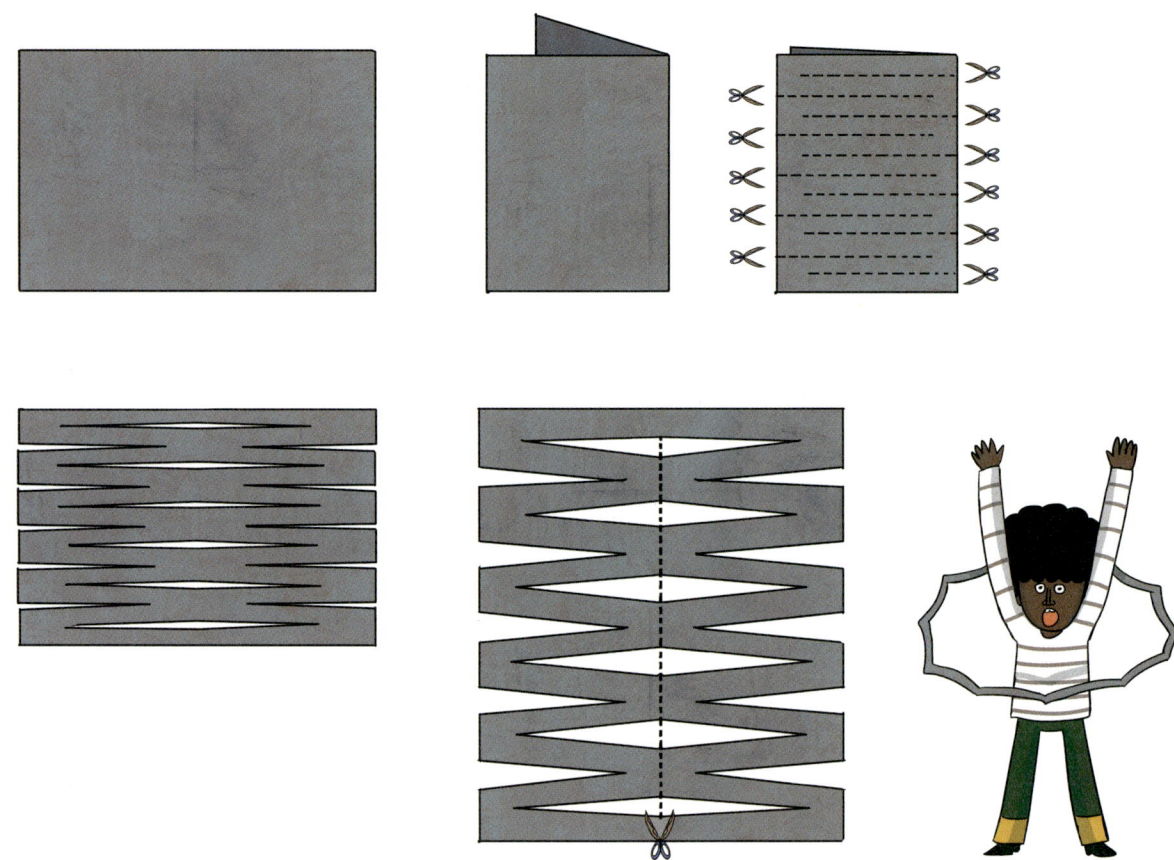

맞추어서 반으로 접었어.

"종이를 반으로 접고 접은 면에서 반대편 모서리 직전까지 직선으로 종이를 잘라. 끝까지 자르지 않도록 조심해. 그리고 반대편에서도 잘라. 모서리에서 시작해서 접은 선 쪽으로 자르는 거야. 이런 식으로 차례차례 여러 번 계속 잘라 봐."

랄프는 샘이 시키는 대로 계속 종이를 잘랐어. 대체 뭐가 어떻게 되어 가는 건지 모르겠어. 마침내 랄프는 끝쪽 모서리만 빼고 모두 잘랐어.

샘은 그걸 받아들고 펼쳤어. 그리고 랄프의 머리부터 뒤집어씌웠지. 그걸 본 친구들은 환호성을 질렀어. 랄프는 가는 종이 끈 속에 들어가 있으면서 놀란 토끼 눈을 하고 '세상에!'를 연신 외쳤지.

"작은 엽서라고 무시하지 마. 작아 보이지만 길이는 엄청나게 길게 늘일 수 있다고."

샘은 이번엔 약 60센티미터의 줄 두 개를 꺼냈어.

"또 다른 마술을 보여 줄게. 조수가 필요한데…… 노튼 선생님, 좀 도와주시겠어요?"

노튼 선생님이 고개를 끄덕이자, 샘은 줄 하나를 노튼 선생님의 손목에 묶었어.

"조수 한 명이 더 필요해요. 레이크 장관님이 도와주실 거죠?"

샘은 레이크 장관을 쳐다보며 말했어.

장관은 샘을 쏘아보며 그럴 리가 있냐는 눈빛을 보냈지만, 옆에 있던 보좌관과 몇 마디 귀엣말을 주고받더니 샘 쪽으로 걸어 나왔어. 엄청 하기 싫다는 표정으로 말이야.

샘은 남은 줄의 한쪽을 레이크 장관의 왼쪽 손목에 묶고 다른 한쪽을 노튼 선생님의 왼쪽 손목을 묶은 줄 밑으로 통과시킨 다음 레이크 장관의 오른쪽 손목에 묶었어.

"자, 묶인 손을 풀어 볼까요? 대신 매듭을 직접 풀거나 줄을 자르는 건 안 돼요."

쩔쩔매는 어른들의 모습을 보는 것은 정말 재미있었어. 레이크 장관의 이마에서는 땀이 흐르기 시작했고, 노튼 선생님은 이를 꽉 물고 몸을 이리저리 비틀었어. 장관이 끙끙대며 매듭을 이리저리 움직였지만 매듭은 풀릴 기미가 보이지 않았어. 장관 옆에 있던 보좌관도 웃음을 참지 못하고 킥킥댔어. 결국 샘이 나섰지.

"레이크 장관님! 줄 가운데를 잡고요, 노튼 선생님의 오른쪽 손목에 묶인 줄 밑으로 밀어서 노튼 선생님 손가락 쪽으로 줄이 가게 하세요. 손 위로 원의 고리를 만들어서 선생님의 손목 아래를 지나가게 해서 뒤로 빼세요. 짠, 여러분은 드디어 자유의 몸입니다!"

랄프는 머리 위로 손을 들고 박수를 치며 자기도 해 보겠다고 난리였어. 레이크 장관은 매우 기분 나쁜 표정이었지. 평소의 근엄한 이미지가 완전 우스워졌으니까.

"그만하자. 이런 건 수학과는 아무 상관없잖니."

"지금까지 한 것들은 다 수학의 기하학이에요. 기하학에는 유클리드의 기하학, 프랙털, 그리고 위상 기하학 등이 있죠. 이름은 저래도 알고 보면 모두 재미있어요."

"위상 기하학이 뭐야? 발음하기도 어렵네."

나는 설명을 들어도 이해는 못하겠지만, 그게 뭔지는 알고 싶었어.

"위상 기하학이 뭐냐면……."

랄프가 자기가 설명하겠다고 나섰어. 이 어려운 걸 랄프가 안다고? 나는 미심쩍은 눈으로 랄프를 쳐다봤어.

"위상 기하학은 말이야. 바로 내 개그의 위상을 높여 주는 녀석이지! 하하하!"

랄프는 말을 끝내자마자 주변을 둘러보았어. 아이들이 웃을 거라고 기대하는 눈치였지. 하지만 아무도 웃지 않았어. 앞에서도 말했지만 랄프의 개그는 정말 썰렁해.

"내가 설명할게. 위상 기하학이란 머리를 열어 놓고 사물을 바라보는 기하학이야. 우리에게 익숙한 것들을 비틀어 꼬이게 만드는 것이라고나 할까."

"굳이 새롭게 바라봐야 돼? 지금 있는 기하학만으로도 충분할 텐데."

내가 조금 투덜거리자 샘은 이해한다는 듯이 고개를 끄덕였어.

"그렇게 생각할 수도 있어. 위상 기하학의 또 다른 이름은 '고무판 기하학'이야. 위상 기하학에서는 원 모양도 완전히 다른 모양으로 바꿀 수 있어. 네가 원하는 대로 늘리거나 줄이거나, 뭉갤 수도 있어. 모양이 달라져도 자르고 붙이지 않는 한 원래의 물체가 전혀 다른 것이 되는 건 아니야. 위상 기하학에서는 원과 사각형은 같은 도형이고, 냄비와 접시가 같은 그릇이라고 말할 수 있지."

"그러니까 위상 기하학에서는 도넛과 손잡이가 달린 컵도 같은 도형으로 볼 수 있다는 말이지? 그렇다면 도넛과 바늘도 같은 도형이라고 할 수 있겠네. 왜냐하면 한 도형의 어느 부분을 늘리거나 줄여서 다른 도형으로 만들 수 있으니까. 지금까지 말한 물건들은 모두 구멍을 가진다는 공통점이 있어."

젠은 예를 들며 설명했어. 샘은 길다란 종이 한 장을 꺼낸 후 한 번 비튼 다음 양쪽 끝을 풀로 붙였어. 그렇게 완성된 고리 모양의 종이를 랄프에게 건넸지.

"종이 중간을 선으로 그려 볼래? 그리고 처음 출발점으로 돌아올 때까지 연필을 떼지 말고 선을 이어 봐."

랄프는 펜을 빌려서 선을 그리기 시작했어. 그러더니 갑자기 왁 하고 소리치는 게 아니겠어.

"나는 분명 펜을 종이에서 뗀 적이 없는데? 분명히 안쪽 면 위에 선을 그리고 있었는데, 어떻게 바깥쪽 면에 선을

그리게 된 거지? 그러다가 다시 안쪽 면으로 들어가고…… 시작한 점을 찾을 수가 없어. 봐 봐. 선이 안쪽과 바깥쪽 모두 그려져 있다니까! 이건 말도 안 돼!"

신기해하는 랄프를 보며 샘은 이렇게 말했어.

"이게 바로 '뫼비우스의 띠'야. 뫼비우스의 띠는 우리 일상생활에서 많이 사용하고 있어. 공항에서 짐을 올리는 컨베이어 벨트도 뫼비우스의 띠처럼 꼬여 있어. 그래야만 양쪽 면을 고르게 쓸 수 있으니까. 우리에게는 익숙하지 않지만 위상 기하학자들이 알고 있던 이론을 일상생활에 적용하고 있는 셈이지. 위상 기하학자들은 사물의 표면, 안쪽과 바깥쪽, 그리고 안팎을 서로 연결하는 방법들을 연구하고 있어."

샘은 랄프에게 가위를 건네며 이렇게 말했어.

"랄프, 지금 네가 그린 선을 따라 가위로 잘라 볼래? 옆면부터 자르지 말고 구멍을 만든 다음 일직선으로 선을 따라 잘라 봐."

랄프는 샘의 말대로 종이를 잘랐어. 자른 종이를 바로 펴서 보이지 않고 뒤로 숨기며 말했어.

"자, 여길 봐! 얍!"

랄프는 자른 고리를 펼쳐 들었어.

"어? 분명히 잘랐는데 왜 종이가 이어져 있지?"

샘은 랄프에게 또 다른 종이 고리를 건넸어. 이번엔 세 번 비튼 뒤에 양쪽 끝을 붙인 고리였지.

"이건 너무 얽혀 있잖아."

랄프는 투덜거리면서도 샘이 시킨 대로 아까처럼 고리를 자르고 나서 집어 들었어. 그 고리 가운데에는 매듭이 하나 있었지.

거기 있던 사람들은 샘의 종이 마술을 신기해했어. 물론 레이크 장관만 빼고 말이야.

"어린이 친구들은 이 놀이가 재밌을 수도 있지."

레이크 장관은 그 어떤 것도 수학과 연결짓지 않겠다는 태도였어.

"수학은 재미도 없고, 놀이도 아니야. 수학은 너무 많은 숫자를 쓰는 복잡한 계산일 뿐이야."

그 때 갑자기 한 기자가 끼어들었어.

"장관님, 오히려 저는 아이들의 의견이 더 그럴듯하게 들리는데요."

기자는 갑자기 내게 다가와 물었어.

"거기 너, 처음에 수학이 싫다고 했는데, 지금은 생각이 어떠니?"

나는 뭐라고 대답해야 할지 정말 난감했어. 샘이 독특한 성격이지만 내 소중한 친구인걸. 그렇지만 수학을 다시 배우는 건 싫고. 어깨에 엄청 무거운 무언가가 얹힌 것 같은 기분이었어.

샘과 제레미의 수학 발전소

숫자를 계속 더한다면 답은 얼마일까?

수학 숙제를 하는데, 갑자기 세상 모든 숫자를 다 더하면 얼마일지 궁금해진 거야. 그래서 샘의 집으로 달려갔어. 사실은 집에서 계산기로 숫자들을 하나씩 더했는데 어디까지 더했는지 까먹어서 그냥 샘한테 물어보러 온 거야.

자연수를 전부 다 더하면 얼마일까? 내가 해 보니까…….

$-\frac{1}{12}$

양수끼리 더했는데 음수가 나오다니? 그냥 큰 종이에 숫자들을 전부 적고 하나씩 계산기로 더하는 게 빠르겠어.

라마누잔의 합으로 계산하면 $-\frac{1}{12}$라고! $1+2+3+4+5\cdots$를 하나의 수라고 가정하고 계산하는 거야. 저 계산식 자체는 발산 수열이니까 답은 무한대지. 하지만 저 수열이 수렴한다고 가정하면 $-\frac{1}{12}$가 된다고.

$|x|<1$에 대해서 무한등비급수 $1+x+x^2+x^3+x^4+\cdots = \frac{1}{1-x}$

x 대신 $-x$를 대입하여 식을 변형하면, $1-x+x^2+x^3+x^4-\cdots = \frac{1}{1-x}$

미분하면 $-1+2x-3x^2+4x^3-\cdots = \frac{-1}{(1+x)^2}$

양변에 -1을 곱하면 $1-2x+3x^2-4x^3+\cdots = \frac{1}{(1+x)^2}$

$\lim_{x \to 1^-}(1-2x+3x^2-4x^3+\cdots) = \lim_{x \to 1^-}\frac{1}{(1+x)}$

$1+2+3+4+\cdots$ 을 c라고 두고, 엇갈려 뺀다면 $-3c = 1-2+3-4+\cdots$ 이 돼.

$1-2+3-4+\cdots = \frac{1}{(1+1)^2} = \frac{1}{4}$이므로 $c = -\frac{1}{12}$지!

스리니바사 라마누잔
(1887년~1920년)

"신의 사색을 표현하지 않는 방정식은 나에게 무의미하다."

인도에서 태어난 라마누잔은 집이 무척 가난했어. 버려진 수학 공식집을 읽으며 독학으로 수학을 공부했지. 오로지 수학만 잘했던 라마누잔은 결국 원하던 연구원이 되지는 못했어. 그는 아주 간절한 마음으로 영국의 수학자 제럴드 하디에게 도움을 요청하는 편지를 썼어. 편지에는 당시에 증명하지 못했던 수학 이론의 증명이 적혀 있었어. 하디는 곧바로 라마누잔을 영국 케임브리지 대학에 초청했고 라마누잔이 조교로 일할 수 있게 도와줬어. 이후 라마누잔은 누구보다 뛰어난 연구 성과를 보였지.

하지만 제1차 세계 대전을 겪으며 채식주의자였던 라마누잔은 제대로 먹지 못해 몸이 쇠약해졌어. 그럼에도 숫자와 수학 중심으로 생각하는 것은 변함없어서, 병문안을 온 하디가 자신이 타고 온 택시의 번호가 1729라고 말하자 라마누잔은 1729는 두 개의 세제곱 수의 합으로 나타내는 방법이 둘인 수 중 가장 작은 수라고 대답했을 정도라고 해. 라마누잔은 33세의 짧은 일생을 살았지만 그가 남긴 수학 기록들은 '라마누잔의 잃어버린 노트'라고 불리며, 유명한 '라마누잔의 정리' 공식 등으로 우리에게 남았지. 라마누잔은 정수론, 무한급수 등 다양한 수학적 업적을 남겼고, 그의 이론은 물리학, 통계 역학 등 다양한 분야에 널리 이용되고 있어.

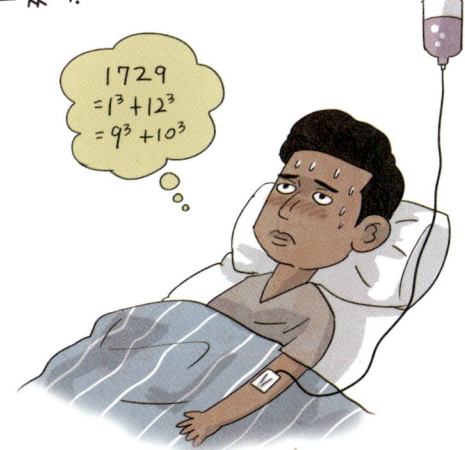

숫자와 친해지기

수다왕 나타샤, 수학에 말 걸다!

솔직히 지금까지 샘이 알려 준 수학은 재미있었어. 하지만 수학을 다시 배우게 된다는 건 다른 문제야. 골치 아픈 계산식을 외우고, 수학 숙제도 해야 하잖아.

"지금까지 샘 네가 알려 준 수학은 재미있었지만, 다시 수학을 공부하는 건 좀……."

내 대답은 겨우 이거였어. 이도 저도 아닌 대답을 한 거야. 내가 생각해도 좀 비겁한 대답이었달까. 하지만 같은 반 나타샤가 내 말에 맞장구를 치며 나섰어.

"뭘 그렇게 돌려서 말해. 숫자는 지루해. 숫자가 뭐가 신기하겠어?"

나타샤는 궁금한 걸 못 참는 성격이야. 늘 질문을 입에 달고 살지. 항상 머리 위에 물음표가 떠 있는 것 같아. 가끔 선생님들도 나타샤의 눈을 피할 때가 있어. 나타샤는 한번 시작하면 질문이 끝이 없거든.

그런 나타샤가 질문을 시작했으니…… 샘조차도 질렸을 거라고 생각했어. 그런데 웬걸! 샘도 나타샤 못지 않은 강적이었어.

"숫자가 지루하다고? 설마 소수도 재미없다고 생각해?"

"소수? 소수가 뭐야?"

나타샤의 말이 끝나기도 전에 같은 반 친구들이 고개를 내저었어. 나타샤 머리 위에 제대로 물음표가 떴지. 그때 젠이 나타샤의 질문에 대답했어.

"지난 시간에 배웠잖아. 1보다 큰 정수, 오직 1과 자기 자신으로만 나눠지는 수."

나타샤는 입을 삐쭉거리며 대답했어.

"아는데 잠시 기억이 안 난거야. 근데 그게 뭐? 어째서 소수가 재미있다는 거냐고?"

"아, 소수를 이용해서 돈을 벌 수 있거든."

샘의 한마디에 모든 사람들의 시선이 집중되었어. 사방에서 웅성거리는 소리가 들렸지. 숫자로 돈을 벌 수 있다니! 저런 건 나한테만 말해 줘야지, 왜 다른 아이들에게도 알려 주는 걸까.

"에라토스테네스의 체를 사용하면 소수를 쉽게 찾을 수 있어."

에…… 에…… 역시 돈 버는 일은 쉽지 않네. 다른 친구들도 실망한 눈치야.

"샘, 쉽다며?"

어떤 친구가 소리쳤어. 모두 똑같은 생각인가 봐.

"말로 하면 어렵지만 실제로는 쉬워. 우선 2부터 시작해서 모든 숫자를 쓰는 거야. 왜 1은 안 쓰냐고? 1은 소수가 아니니까. 2부터 100까지 써. 2와 3은 빼고 2, 3, 5, 7의 배수는 모두 표시해."

샘은 큰 칠판에 직접 써 내려가기 시작했어.

"표시한 숫자를 뺀 나머지 숫자가 바로 소수들이야. 아직 수학자들은 이 방법 외에 소수를 찾아낼 방법을 발견하지 못했어. 586, 487과 같이 숫자가 커지면 소수인지 아닌지를 알 수 있는 방법이 없다는 거지."

"숫자가 커지면 시간이 오래 걸리겠네. 수학자도 힘든 직업이구나."

내가 말했어.

"컴퓨터를 사용해도 시간이 오래 걸려. 그래서 1,000만 자리 이상의 숫자 중 소수를 처음으로 찾아내는 사람에게 1억 원 가량의 상금을 주기로 했지. 이제까지 찾아낸 가장 큰 소수는 24,862,048자리 숫자야. 2018년 7월에 어떤 사람이 발견했지."

"그 시합 곧 끝나겠네."

나타샤가 중얼거리듯 말했어.

"우와! 상금은 누가 주는 거야?"

가만히 듣고 있던 랄프가 놀랐는지 눈을 동그랗게 뜨고 물었어.

"컴퓨터를 이용해 수학 문제를 풀어 보려는 단체가 있어. 그 단체는 소수를 찾기 위해 하루 종일 많은 컴퓨터를 사용하거든. 나타샤 혹시 궁금한 것 없어?"

나타샤는 무슨 말을 하려는지 웅얼거렸어.

"소수로 또 어떤 일을 하는지 궁금하지 않아?"

역시 샘은 영리해. 나타샤의 머리 위에 물음표가 생기기도 전에 먼저 말하다니!

"소수로 복잡한 암호도 만들 수 있어."

샘의 말을 듣던 나타샤의 눈빛이 반짝거렸어.

"해커나 스파이도 풀기 어려운 암호 만드는 방법, 알려 줄까? 우선 마음에 드는 소수 두 개를 골라서 곱해. 곱해서 나온 숫자를 암호로 사용하는 거야."

"그걸 왜 못 풀어?"

나타샤는 이해할 수 없다는 표정으로 물었어.

"그 암호를 풀려면 몇 년은 걸릴 거야. 왜냐하면 소수는 끝이 없거든. 네가 고른 숫자와 같은 숫자를 고를 확률도 벼락 맞을 확률보다 낮아."

"음. 그건 좀 괜찮은데!"

나타샤 말처럼 좀 괜찮은 것 같아. 도대체 수업 시간에 왜 이런 걸 말해 주지 않는 걸까?

"지루한 숫자보다 예측하기 어려운 숫자가 더 별로야."

가만히 있던 로사가 나섰어. 나타샤의 단짝인 로사는 나타샤와는 정반대야. 신중하고 조용해.

"예측하기 어려운 숫자에는 패턴이 없거든."

"그래? 그럼 로사한테는 파스칼의 삼각형이 어울릴 거야."

샘은 칠판에 적어둔 숫자들을 지우고 삼각형 모양으로 숫자를 배열해

서 그리기 시작했어.

"이건 파스칼 삼각형의 일부야."

"설마 이걸 다 외운 거야?"

로사는 뭐가 우스운지 깔깔거리며 웃었어. 로사가 저렇게 웃는 모습은 처음 봐. 하지만 샘은 로사의 비웃음에도 꿈쩍도 하지 않았어.

"아니, 외울 필요 없어. 위부터 아래로 쓰면 돼. 그냥 양쪽 두 수를 더해서 가운데 아래에 적기만 하면 되지. 1+1=2, 1+2=3 이런 식으로."

"그럼 파스칼 삼각형은 끝이 없겠네?"

나는 샘이 그린 삼각형을 유심히 보다가 믿을 수 없다는 표정으로 말했어.

"그래. 무한대로 그릴 수 있지. 하지만 그 전에 내 팔이 먼저 떨어져 나갈걸."

샘은 얼굴을 찡그리며 팔을 흔들어 댔어.

"이 정도면 패턴을 보여 주기에 충분하지?"

로사는 샘이 그린 삼각형의 숫자들을 뚫어져라 보더니 이렇게 말했어.

"신기해! 또 다른 건 없어?"

"아주 많지. 잘 보이지는 않지만 여기에도 하나 있어."

샘은 파란색 색연필을 들고 몇 개의 숫자에 동그라미를 친 다음 그 숫자의 합을 삼각형 옆에다 적었어.

"샘, 그건 피보나치 수 아니야?"

젠이 소리쳤어.

"맞아. 이 숫자들은 사실 어디에서나 볼 수 있어. 여기에는 컴퓨터 프로그래밍에 쓰이는 중요한 패턴이 숨어 있지. 컴퓨터는 주어진 명령을

전자 방식으로 읽어. 전자 방식이란 컴퓨터가 숫자 1을 주면 '켜짐'으로 읽고, 숫자 0을 주면 '꺼짐'으로 읽는 방법을 말해. 그래서 컴퓨터는 모든 정보를 이진법 숫자로 표시하는 거야. 이진법은 0과 1만 사용해. 우선 이진법 숫자를 알기 위해서는 2의 거듭제곱을 알아야 해."

샘은 칠판에 적어 둔 숫자 삼각형을 한 줄씩 더하고 끝부분에 주황색으로 결과를 적었어.

"파스칼 삼각형에 있는 수열은 모두 2의 거듭제곱을 보여 줘. 옆의 행을 따라 합을 구하면 1, 2, 4, 8…… 이라는 숫자를 얻을 수 있지. 1은 2^0, 2는 2^1, 4는 2^2, 8은 2^3으로 표시하거든."

"그럼 파스칼 삼각형을 이용해서 다른 계산도 할 수 있다는 거야? 다른 숫자도 거듭제곱으로 나타낼 수 있는 거야?"

샘은 로사의 대답에 신이 났는지 열을 올리며 설명하기 시작했어.

"모든 숫자에 적용되는 건 아니야. 두 자리 숫자가 되면 패턴을 찾기가 까다로워져. 이번엔 좀 쉬운 것부터 보자. 1부터 10까지 숫자들을 더해 본 적 있지? 그때 아마 하나씩 더했을 거야. 하지만 더 빠르게 하는 방법이 있어."

이건 지난 시간 숙제였어. 물론 나는 잊어버리고 안 했지만 말이야.

"답은 파스칼의 삼각형 안에 있어. 잘 봐! 숫자 삼각형에 손가락을 대

고 쭉 따라간 다음 마지막 숫자 10에서 방향을 바꾸는 거야. 그렇다면 답은 55!"

"우아, 또 뭘 할 수 있어?"

나는 파스칼의 삼각형이 정말 멋지다고 생각했어. 계산을 안 하고 숫자만 찾는 정도라면 나도 수학을 좋아할 수 있을 것 같았거든.

"내가 어떤 일을 할 때 선택할 수 있는 가짓수를 알 수 있지. 예를 들면 나한테 여섯 가지 맛의 젤리가 있고 한 번에 젤리 세 개씩 먹고 싶어. 그렇다면 젤리를 먹는 경우의 수가 스무 가지가 있다는 걸 바로 알 수 있어. 맨 위의 1 다음부터 여섯 번째 행을 선택하면 되는 거야. 그다음 가장자리에 있는 1을 제외하고 오른쪽부터 세 번째에 있는 숫자를 찾아 읽으면 바로 20이 나오지."

갑자기 샘의 말이 머릿속에 쏙 파고들더니 파스칼의 삼각형이 눈에 보이기 시작했어. 이게 무슨 일이지?

"나 이해한 것 같아. 여섯 번째 행을 이용하면 더 많은 것을 할 수 있는 거지? 젤리를 하나씩 먹는 방법의 수는 6, 젤리를 두 개씩 묶을 수 있는 방법은 15, 맛이 다른 세 개의 젤리를 먹는 방법의 수는 20. 젤리를 한 번에 네 개씩 먹으면 방법은 15, 다섯 개씩 먹으면 방법은 6이야. 여섯 개를 다 먹는 방법은 한 가지 뿐이지."

나는 지금 이야기한 것을 따라해 보기 위해 젤리를 사야겠다고 생각했어. 젤리를 좀 더 즐겁게 먹을 수 있을 것 같았거든.

그 때, 점심시간이 끝나는 걸 알리는 종이 울렸어. 샘은 레이크 장관을 바라보았어. 자연히 모여 있던 사람들도 장관의 얼굴을 바라보았지.

"장관님, 지금 생각은 어떠세요?"

샘과 제레미의 수학 발전소

증명할 수 없는 난제는 없다?

어제 샘이 나한테 낸 수학 문제를 보여 줄게. 페르마가 낸 문제라는데 정답을 맞히면 샘이 소원을 들어주기로 했어.

− 제곱수와 세제곱수 사이에 끼여 있는 정수는 26밖에 없다.

제곱수는 같은 자연수를 두 번 곱해서 나온 수야. 1,4,9,16,25…가 제곱수지. 마찬가지로 세제곱수는 세 번 곱해서 나온 수야. 1,8,27,64… 같은 수들. 다시 말해 나란히 붙은 세 정수 중에서 앞의 수가 제곱수, 뒤의 수가 세제곱수인 정수는 오직 26 하나라는 거지! 25,26,27을 보면 25는 5의 제곱수, 27은 3의 세제곱수야. 따라서 26은 저 식에 해당하는 숫자지.

− 모든 소수는 4n+1이나 4n−1로 나타낼 수 있는데, 4n+1로 표현되는 소수는 항상 두 제곱수의 합으로 나타낼 수 있지만 4n−1로 표현되는 수는 그렇게 할 수 없다.

예를 들어 소수 13=4×3+1이므로 4n+1 꼴로 나타낼 수 있어. 즉 4n+1로 표현되는 소수에 해당하지. 이건 두 제곱수의 합으로 나타낼 수 있다는 말이야. 13의 경우 4+9=2^2+3^2으로 나타낼 수 있어. 29는 4n+1꼴의 소수인데, 4+25=2^2+5^2으로 볼 수 있지. 하지만 19는 4×5−1이니 4n−1이 되는 소수인데, 두 제곱수의 합으로 나타낼 수 없지.

앤드류 와일즈

(1953년~)

**"난제는 꿈을 갖게 만들면서
실현될 수 없는 대상으로 생각하게 만든다."**

앤드류 와일즈는 완전히 풀리지 않는 미스터리한 수학 문제를 좋아했어. 그에게는 '페르마의 마지막 정리'가 풀리지 않는 수수께끼였어.

$$x^n + y^n = z^n$$

페르마는 몇 권의 책에 아주 풀기 어려운 수학 문제들을 남겨 놓은 1세기 수학자야. 그는 'n'이 2보다 큰 숫자일 경우 풀 방법이 없다고 기록했어. 페르마는 이런 사실을 증명할 수 있지만, 책의 여백이 너무 좁아서 증명을 적을 수 없다고 썼지. 결국 페르마는 자신의 이론을 증명하지 않은 채 세상을 떠났어. 앤드류 와일즈는 열 살 때 도서관에서 본 페르마의 정리를 반드시 증명해야겠다고 결심했지. 페르마의 정리는 매우 간단해 보이지만, 증명에 성공한 사람이 한 명도 없는 어려운 수식이었어. 수학자로 성장한 앤드류는 어릴 적 꿈을 놓지 않고 꾸준히 연구했어. 그 결과 1993년, 7년간의 비밀 연구 끝에 페르마의 정리를 증명해 냈지. 오류가 있었지만 1년 동안 문제에 매달린 끝에 증명을 완성할 수 있었어.

수학 편견 깨기

아이들, 수학과 친해지다!

난 아직도 이 대결이 꿈만 같아. 이미 어른들이 결정한 일인데, 우리의 의견이 무슨 소용이 있나 싶었어. 수학 시간에 매일 졸고 수학 숙제는 항상 샘이 한 걸 베꼈던 나. 수학은 쓸데없고 재미없는 과목이라고 생각했어. 하지만 대결이 진행되면서 내 생각은 달라졌어. 수학은 생각보다 훨씬 우리 곁에 가까이 있다는 걸 깨달았지. 아마 오스카를 비롯한 다른 아이들의 생각도 같을 거야.

미술실, 체험 학습장, 음악실 등에서의 수학 대결이 어느 정도 마무리되자 레이크 장관은 보좌관과 한동안 대화를 했어. 엿듣고 싶었지만 무서운 경호원 때문에 가까이 가지도 못했지. 대화를 끝낸 장관은 케이 선생님께 마이크를 넘겨받았어.

"여러분과 아주 즐거운 시간을 보냈습니다."

레이크 장관은 천천히 입을 열었어.

"수학을 금지한다는 결정은…… 바꾸지 않습니다."

뭐라고? 레이크 장관의 생각도 우리처럼 달라졌을 거라고 생각했는데……. 장관은 모든 아이들이 자신을 이해해 주기를 바라는 눈치였어. 어쩔 수 없다는 표정으로 말을 이어 갔지.

"수학은 어린이들이 배우기에 너무 어려워요. 생각보다 더 쓸모가 있더라도 어려우면 무슨 소용이 있겠어요? 저는 항상 어린이들 편입니다. 언젠가는 나한테 고맙다고 하게 될 거예요."

레이크 장관이 말을 마칠 때까지 샘은 조용히 듣고만 있었어.

"휴, 제가 졌네요. 약속대로 오늘부터 방과 후에 장관님의 사무실에서 일을 도울게요. 다만 그 전에 제가 일하고 나면 한 달 후 받게 될 월급을 미리 계산해 봐도 될까요?"

샘이 정말 대결을 포기했나 봐. 나는 좀 도와달라는 눈빛으로 선생님들을 쳐다봤어. 하지만 믿었던 케이 선생님마저 꿈쩍도 하지 않았어. 레이크 장관은 고개를 끄덕끄덕하며 저렇게 능글맞게 웃고 있는데 말이야. 도대체 무슨 생각을 하는 거야, 샘!

"그럼 제 월급을 계산해 볼게요."

샘은 칠판의 숫자들을 지우고 표를 그리기 시작했어. 표가 채워질수록 여기저기서 웅성거렸지.

날짜	일당	전체 월급	비고
1	100원	100원	
2	200원	300원	
3	400원	700원	
4	800원	1,500원	
5	1,600원	3,100원	
6	3,200원	6,300원	
7	6,400원	12,700원	
8	12,800원	25,500원	
9	25,600원	51,100원	
10	51,200원	102,300원	
11	102,400원	204,700원	
12	204,800원	409,500원	
13	409,600원	819,100원	
14	819,200원	1,638,300원	
15	1,638,400원	3,276,700원	
16	3,276,800원	6,553,500원	

감당할 수 있겠습니까?

덜 덜 덜

"5일이나 일했는데 겨우 3,100원을 받는다고?"

내가 큰 소리로 말했지만 샘은 묵묵히 표를 채워 나갔어. 랄프도 오스카도 모두 걱정되는 표정으로 샘을 지켜볼 뿐이었어. 하지만 샘이 표를 거의 다 채울 즈음에는 내가 괜한 걱정을 했다는 걸 알게 되었어.

"이번 달 15일쯤 되면 샘은 650만 원이 넘는 돈을 받는 거야?"

액수가 점점 불어나자 지켜보던 노튼 선생님의 얼굴이 일그러지기 시작했어. 역시 샘은 천재야! 레이크 장관의 얼굴에서 웃음이 완전히 사라졌어. 샘이 자신이 일하고 받을 월급을 모두 계산했더니, 무려 천칠십삼억 칠천사백십팔만 이천삼백(107,374,182,300)원이나 되었어. 레이크 장관은 정신이 나간 듯 땀만 뻘뻘 흘리고 있었지. 결국 장관은 보좌관과 귓속말을 주고받더니 이렇게 말했어.

"내가 생각해 봤는데 말이다······."

레이크 장관은 말을 더듬거렸고, 목소리마저 떨리고 있었어.

"수학이 좀 어렵다고 아예 배우지 않는 건 아닌 것 같구나. 수학은 정말 필요한 학문이지. 실은 나도 속으로는 그렇게 생각하고 있었단다. 하지만 다 여러분을 생각해서 결정한 거였지!"

장관은 억지로 미소 지으며 조심스럽게 말을 이어 나갔어.

"그래서 말인데······, 샘, 네가 이겼다."

모두가 환호성을 질렀어. 수학 시간은 계속 남아 있게 되었어. 대결이 끝난 뒤 케이 선생님과 샘은 수학 동아리를 만들었어. 대결 영향인지 많은 친구들이 함께했지. 나를 포함해서 에밀리, 오스카, 랄프, 나타샤, 로사도 동아리 멤버야. 아, 정말 의외인 건 노튼 선생님이 가입했다는 거야. 동아리에선 뭘 하냐고? 들으면 아마 놀랄걸. 우린 일상에서 수학이 어떤 곳에 어떻게 쓰이는지를 찾아내어 공부해. 너무 어렵지 않느냐고? 알지 못했던 것들을 찾아내는 게 생각보다 재미있어. 지난주에는 저녁 때가 되었는지도 모르고 미로 퍼즐을 풀다가 집에 늦게 간 적도 있어.

나중에 알게 된 사실인데, 레이크 장관이 수학 수업을 없앤다고 발표하자마자 전국의 수학 선생님들이 엄청 반대했대. 그 결과 지지율이 20퍼센트나 떨어졌고, 레이크 장관은 떨어진 지지율을 다시 올리려고 이리저리 돌아다니면서 고생하는 중이래.

우리는 어떻게 됐냐고? 우리는 동아리 활동을 하면서 각자 꿈이 생겼어.

에밀리는 준비하던 사이클 대회에서 1등을 했어. 시상식에서 샘 덕분에 1등을 할 수 있었다고 말했대. 무슨 일이 있었냐고? 에밀리는 수학을 이용하면 좋은 성적을 받을 수 있다고 생각했나 봐. 샘한테 도와달라고 했대. 훈련할 때 수학을 이용한 것 같더라고. 샘과 함께 훈련 기록을 저장하고 부족한 부분을 찾아서 최적의 훈련 프로그램을 만들었다나……. 물론 에밀리는 쉬지 않고 연습했어. 설마 연습하지 않고도 이길 수 있다고 생각한 건 아니지? 그런 방법이 있다면 내가 먼저 사용해 보고 싶네. 아무튼 에밀리는 요즘 점프나 스윙 같은 동작을 어떤 근육을 어느 각도로 써야 좋은 결과를 만들 수 있는지 연구하느라 바빠.

오스카는 자기랑 똑같이 생긴 캐릭터를 만들고 있어. 물론 잘난 척도 여전해. 고작 캐릭터 눈 하나 만들고 너무 멋있다고 난리 치느라 아직 한쪽 눈밖에 못 만들었어. 최근에 VR 카페에 다녀온 이후로 가상 현실에 관심이 많이 생겼대. 자기처럼 잘생긴 캐릭터만 나오는 가상 현실 게임을 만들고 싶어 해. 현실을 까맣게 잊을

정도로 실감 나는 게임을 만들 거라고 말했지만, 아직 진행된 건 없는 것 같아. 참, 오스카도 수학 공부에 빠졌어. 자신의 뛰어난 예술 감각으로 수학도 금방 정복할 수 있을 거라고 생각하나 봐.

젠은 바쁜 밴드 활동 때문에 얼굴을 못 본 지 꽤 됐어. 뭐, 샘이랑은 자주 수학 얘기하는 것 같긴 해. 질투하는 건 절대 아니야. 이번 축제 때 젠의 밴드가 공연을 하기로 했대. 듣기로는 황금 비율 같은 수학 원리를 전자 악기의 악보로 바꿔서 연주한다는데 무슨 소린지는 모르겠어. 내 머리로는 젠의 음악 세계를 이해할 수 없을 거야. 젠의 목표는 수학 원리를 이용한 노래를 발표해서 세계적인 무대에 서는 거래. 전 세계 사람들한테 수학의 위대함을 알리고 싶대. 젠은 샘 못지않은 천재니까 언젠가 이룰 수 있지 않을까?

랄프는 개그맨의 꿈을 접고 100만 유튜버가 될 거래. 벌써 어떤 영상을 찍을지 다 생각해 놓은 것 같더라. 나도 가끔 출연하기로 했어. 이제 랄프의 재미없는 개그는 안 들어도 되지만, 하도 유튜버 유튜버 노래를 해서 마찬가지로 힘들어. 요즘 랄프는 수학을 이용한 마술에 부쩍 관심을 갖더니 샘을 졸라서 수학 마술을 배우고 있어. 얼마 전에는 노튼 선생님께 마술하는 로봇에 관한 이야기를

들더니 로봇에 관심을 보이더라고. 어쨌든 랄프가 혼자 몰입해도 되는 꿈을 찾아서 다행이야.

로사는 돈과 관련된 일을 하고 싶대. 나도 돈을 많이 벌고 싶다고 말했더니, 로사가 자기가 하고 싶은 건 그런 게 아니래. 주식 시장을 예측하고 데이터 마이닝을 하고 싶다는 뜻이래. 데이터 마이닝이 뭐냐고? 나도 몰랐는데 다른 사람들이 수집한 엄청난 양의 정보에서 유용한 정보를 추려내는 일이래. 요즘에는 케이 선생님을 도와서 도서관에서 책을 등록하거나 정보를 정리하는 일을 하고 있어. 어쨌든 로사는 논리적인 숫자를

좋아하니까 잘 할 수 있을 것 같아.

나타샤는 요즘 친구들 스마트폰 비밀번호를 푸는 취미가 생겼어. 틈날 때마다 친구들 스마트폰 비밀번호나 페이스북 비밀번호를 맞혀. 왜 그런 취미가 생겼냐고? 나타샤는 암호와 관련된 일을 하고 싶대. 예를 들면 스파이 같은 거 말이야. 뭐, 난 그것도 좋은 것 같아. 케이 선생님 말로는 스파이보다는 전자 상거래 회사에서 암호를 만드는 일을 하는 게 좋을 것 같대. 카드 정보를 섞어서 누구도 사이버 공간에서 사기를 저지르지 못하도록 하는 일이라는데 나타샤도 관심 있어 하는 것 같아.

모두 하고 싶은 일이 생겨서 다행이야. 샘과 나는 뭘 할 거냐고? 샘은 걱정 마. 내가 걱정이지. 샘은 다섯 살 때부터 물리학자가 되고 싶었다는 아이인걸. 덧셈 뺄셈 말고 어마어마하게 어려운 문제를 풀고 싶어 해. 예를 들면 '시간은 무엇일까?', '우주는 어떻게 탄생하게 되었을까?' 같은 어려

운 문제 말이야. 으…… 듣기만 해도 머리가 아파. 여전히 수학에 미쳐 있는 친구야. 어제는 신호등의 비밀을 알려 준다고 횡단보도 앞에서 초록 불이 149번 바뀔 동안 서서 설명을 들었다니까!

나는 뭘 할 거냐고? 사실 나는 뭘 하고 싶은지 모르겠어. 우선은 세상의 모든 문제를 풀어 낼 샘의 가장 좋은 친구가 될 거야. 그리고 나처럼 수학을 못하고 어려워하는 친구들에게 수학이 얼마나 재미있는지를 알려 줄 거야. 샘과 케이 선생님은 나라면 수학을 못하는 아이들 마음만은 정말 잘 이해할 수 있을 거래. 만약 그 친구들이 수학은 너무 어렵고, 천재 아니면 괴짜들이나 하는 거라고 투덜거린다면, 지금까지의 이 이야기를 꼭 들려줘야지. 그러면 그 친구들도 아마 이렇게 말하게 될 거야.

"이런 것도 수학이야? 좋았어! 한번 해 보자!"

수학 대소동

초판 1쇄 발행 2020년 5월 22일
초판 2쇄 발행 2020년 6월 22일

글 코라 리 · 길리언 오릴리
그림 홍연시
번역 및 감수 박영훈

펴낸이 김선식
펴낸곳 (주)스튜디오다산

경영총괄 김은영
책임편집 강푸른 **디자인** 김은지
콘텐츠개발본부장 채정은 **콘텐츠개발3팀** 한유경 김은지 한현하 강푸른
마케팅사업본부장 도건홍 **마케팅1팀** 오하나 유영은 **마케팅2팀** 안지혜 이소영 **마케팅3팀** 안호성
영업본부장 오선희 **영업팀** 이선희 조지영 강민재
저작권팀 한승빈 이시은
경영관리본부 허대우 하미선 박상민 김형준 김민아 이소희 최완규

출판등록 2013년 11월 1일 제406-2013-000112호
주소 경기도 파주시 회동길 357 2층
전화 02-703-1723 **팩스** 070-8233-1727
다산어린이 카페 cafe.naver.com/dasankids **다산어린이 블로그** blog.naver.com/stdasan
종이·인쇄·제본 갑우문화사

ISBN 979-11-5639-464-8 73410

- 책값은 뒤표지에 있습니다.
- 파본은 본사 또는 구입한 서점에서 교환해 드립니다.
- KC마크는 이 제품이 공통안전기준에 적합하였음을 의미합니다.
- 아이들이 책을 입에 대거나 모서리에 다치지 않게 주의하세요.
- 이 책은 저작권법에 의하여 보호를 받는 저작물이므로 무단 전재와 복제를 금합니다.
- 이 도서의 국립중앙도서관 출판예정도서목록(CIP)은 서지정보유통지원시스템 홈페이지(http://seoji.nl.go.kr)와
  국가자료종합목록 구축시스템(http://kolis-net.nl.go.kr)에서 이용하실 수 있습니다. (CIP제어번호: CIP2020014990)